成龙成凤看父母

0~7岁孩子培育指南

张军略 著

·广州·

图书在版编目（CIP）数据

成龙成凤看父母：0～7岁孩子培育指南/张军略著.—广州：华南理工大学出版社，2018.10
ISBN 978-7-5623-5802-2

Ⅰ.①成… Ⅱ.①张… Ⅲ.①儿童教育-家庭教育-指南 Ⅳ.①G781-62

中国版本图书馆 CIP 数据核字（2018）第 224975 号

CHENGLONG CHENGFENG KAN FUMU——0～7SUI HAIZI PEIYU ZHINAN

成龙成凤看父母——0～7岁孩子培育指南
张军略 著

出 版 人：卢家明
出版发行：华南理工大学出版社
（广州五山华南理工大学17号楼，邮编510640）
http://www.scutpress.com.cn E-mail：scutc13@scut.edu.cn
营销部电话：020-87113487 87111048（传真）
策划编辑：毛润政
责任编辑：王 倩
印 刷 者：广州一龙印刷有限公司
开　　本：787mm×960mm　1/32　印张：7.25　字数：150千
版　　次：2018年10月第1版　2018年10月第1次印刷
定　　价：36.00元

版权所有　盗版必究　　印装差错　负责调换

——那些日复一日的行为组成了我们,因此,卓越不是一个行动,而是一种习惯。(杜兰)
We are what we repeatedly do. Excellence, then is not an act but a habit. (Durant)

——美德在不断的实践中成型。(亚里士多德)
These virtues are formed in man by his doing the actions. (Aristotle's Nicomachean Ethics)

我希望在不久的将来,中国的每个孩子在睡觉前都有父母给他们讲一个故事,读一本小人书,或者念一段有趣的文章。我希望中国的父母都不会辱骂、恐吓或者体罚孩子,也不会无度地溺爱孩子,而是通过爱去了解和理解孩子,通过逻辑去和孩子沟通。我希望每一个中国父亲不管工作多忙,都能抽出时间陪孩子玩耍。我希望所有中国孩子都有一个属于自己的快乐童年,而不是由父母安排的奔走于各个学习班的"学习"童年。我希望每一个中国孩子都有自己的兴趣和梦想,父母都会支持和鼓励孩子的追求,帮助孩子成长为一个独立的、能为社会做出贡献的人。

谨以此书献给中国0~7岁的孩子和他们的父母

张军略于2018年6月

前　言

中国是一个文明古国，中国人的创新曾经引领全球，造纸术的发明者蔡伦、宋朝发明火药的炼丹人、活字印刷的发明者毕昇以及"指南车"的研制者马钧，家喻户晓的四大发明印证了中国人的创造能力。而创造力的培养，往往源于孩子的幼儿教育或者父母对孩子的正确引导。或许正是封建社会一些"农""工"阶层家庭对孩子的放养，为那些孩子提供了创造力生根发芽的土壤。可是随着儒家教育的一家独大，科举制度的深入人心，一成不变的模块式教育和应试学习慢慢变成封建社会大部分孩子童年的主题，而孩子需要培养的创造力也在背诵、备考中不知不觉地迷失和消逝。

中国是一个文明古国。自古以来，中国人都有一套教育孩子的好方法。

我们中国人的育儿理念从古至今改变不大，今天，很多中国父母对孩子的教育原则仍然是孝顺。"万恶淫为首，百行孝为先"的"孝"，就是孝顺。近代对孝顺的定义，原指爱敬天下之人、顺天下人之心的美好德行。后多指尽心奉养父母，顺从父母的意志，其中也包含对家族的忠诚和对长辈的顺从。

儿女奉养父母值得提倡，可是有些父母要求孩子从小顺从父母的意愿，这种做法值得商榷。以奉养父母为培养

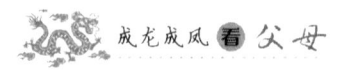

孩子目的的行为,结果往往适得其反。而以培养孩子独立和有幸福人生为目标的父母,其孩子却能和父母一如既往地以亲人相待,坦诚沟通,并尽心孝敬父母。道理其实很简单,一切顺从的童年,令孩子失去了学习思考、探索和做决定的黄金机会。顺从意味着沟通是单方面的,父母是说,孩子是遵循,这些家长赞扬孩子的常用词是"乖"和"听话",这样的教育方法缺失了对孩子的独立思考和承担责任的修炼。这样的孩子,或者以后碌碌无为,或者会产生强烈的反叛心理,痛恨自己的童年,导致成年后和父母的格格不入、难以沟通的状态。这样的孩子假设将来有条件愿意付出金钱,但也难以愿意付出时间和情感去陪伴老去的父母。

中国传统教育以孝为中心,孝,就是以家族为中心。家族利益大于一切,这样的教育适合于封建社会。在封建社会,家族是社会最重要、最稳定的组织,以孝顺为主题的教育,有效地维系了家族和社会稳定,为家族孩子的成长提供了一个安全的环境。这一教育原则,符合当时的社会要求,对人文发展做出了突出贡献。

父母以孝顺为中心的幼儿教育沿用至今。可是,现代社会已经产生了巨大改变。21世纪,中国社会已走入网络时代、信息时代,家族已经不再是社会的关键组织,很大程度上,家族在现代社会已经解体,家庭取而代之成为组成社会的关键因子。由于信息化和现代科技的发展,人们的交流和出行越来越便捷,高铁、飞机的出现,让过去需要几个月的旅程缩短为现在的只需几个小时即可完成。就如美国的思想大师托马斯·弗里德曼所说,地球已变得小而平。公司、社会团体、同学、同事、朋友变成现代人社交的主体。以孝顺为中心的幼儿教育已经落后于时代，难以将孩子培养成为一个能够独立思考、对自己的行为负责、能对社会做出贡献的人。

《北美留学生日报》的一篇文章曾经指出了一些中国父母教育子女令人难以接受的逻辑（根据他们的个人经验）：（父母对自己的孩子）吃穿跟差的比，学习跟好的比；自己跟差的比，让孩子跟好的比；自己没拿过第一，逼着孩子拿第一……自己对孩子的侮辱从不记得，孩子做过的错事记忆犹新……这并不是报纸编辑的故意批评或者猜测，而是一些中国孩子对自己父母的评价，是他们对孩提时代和父母相处的记忆。

这段描述给我两个感受：首先，中国的父母迫切需要学习如何帮助孩子成长的方法，主观地要求孩子顺从自己的想法已经不适合帮助孩子成长。另外，很多在传统教育方法下长大的孩子，在成长过程中已经产生了巨大的逆反心态。难以想象在这种心态下，孩子会和他们的父母有融洽的关系。

中国人和犹太人有很多类似的地方：勤劳、好学、重视教育。但是，13亿的中国人和不超过800万的犹太人在科学、文化、政治领域的成就有着很大的差距。我有许多犹太人朋友，他们几乎都是"成功人士"，并且大部分都有幸福人生。

他们很多都是医生、教授、律师、CEO。这个观察引起我的好奇心：这种现象有普遍性吗？通过观察（不是使用科学研究方法）我发现，在美国大部分医生是犹太人，大

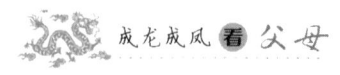

部分律师是犹太人,大部分对冲基金的创始人是犹太人,大部分大学教授也是犹太人,同时,很多喜剧演员和电影演员是犹太人,很多作家也是犹太人。如下是一些关于犹太人的数字,从中对犹太人的成功可见一斑。

有一篇文章提到,在1999年的美国,犹太人的成就与1929年在德国的犹太人类似。在20世纪20年代,德国的犹太人占德国人口的1%(在2001年,犹太人大概占美国人口的1.4%),但是犹太人控制了德国57%的金属交易、22%的谷物和39%的纺织工业,柏林商会50%的会员是犹太人,同时,股票交易会员中,犹太人占了81%;柏林的29家大剧院,23家由犹太人管理。犹太人创作了1931年144部电影剧本中的119部,其中的77部由犹太人导演。另外,有评估指出,今天美国全部财富的70%由犹太人掌握。

用世俗的眼光评判,这些犹太人都很成功,原因何在?我曾两度访问以色列。在以色列,3人以上的聚会就必有争论。以色列人除注重家庭以外,都独立、自主、有个性。犹太人成功的原因很多,我认为其中的关键一点是培养孩子的理念。我和许多犹太人朋友讨论教育孩子要素的时候,他们的观点各有不同,但是有一个共同点,他们都要培养孩子成为独立、自主的成年人。他们没有把"成功人士"作为培养孩子的目标,而结果是他们的孩子都有成功的事业。我认为,这背后的逻辑在于,犹太人在培养孩子独立自主的同时,孩子能够从小发现自我,发现自己的兴趣,从而去学习自己感兴趣的专业,从事自己爱好的事业,这样就奠定了其事业成功的基础。犹太人很少会说:现在编程赚钱，所以你应该去学计算机。或者说，商业的就业前景好，因而孩子你应该去念 MBA。他们对孩子的期望是：去学和做自己喜欢的事。

除此之外，我还发现一件很奇怪的事情，美国是一个文化的熔炉，是一个移民国家，也是世界跨国公司最多的国家，但美国财富 500 强公司中的华人 CEO 屈指可数，工程师中中国人的占比却很大。现在加拿大黑莓公司的 CEO 程守宗是华人，AMD 的 CEO Lisa Su 是华人，其他中型上市公司的华人 CEO 都很少，没有普遍性。美国大中型公司的 CEO 大部分被犹太人垄断了，印度人也慢慢占了一席之地（例如微软的 CEO）。

有趣的是，中国人偶尔也在美国创立大型上市公司并担任 CEO，可往往是昙花一现，例如黄安电脑，辉煌了一时，但很快就退出了历史舞台。其中的原因何在？有没有我们幼儿教育的因子？因为在美国的中国人不够聪明？不够努力？人口基数不够？很显然以上都不是关键原因。真正的原因引人深思。

我认为，这种现象与中国的教育系统有关，与父母教育孩子的方法有关。从结果来看，我们的教育方法让孩子在国际化环境中更容易成长为工程师和研究员，但成为国际性机构（多民族、跨国机构）领导者的概率很低。因为在国际游戏规则中，领导者不但需要高智商，更重要的是要有亲和力、创造力和高情商。我们在培养孩子超高考试能力的同时，可能也埋没了孩子的创造力和情商。如果中国父母放弃功利教育，多鼓励孩子发现和遵循自己的兴趣，引导孩子往自己感兴趣的方向发展，我认为华人在多民族

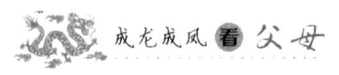

竞争的跨国公司中的CEO会越来越多。

● 孩子属于谁？

孩子生来如同一张白纸。孩子的人生首先由父母书写，然后是幼儿园的老师、小朋友，再然后是各个年级的老师、朋友、书本和网络。只有在成年以后，他们的人生才由自己书写。孩子的成长也是一个建设的过程。如果父母帮助孩子把未来建设在他们自己的长处上，孩子往往能够成长为自信和成功的人，并且拥有快乐人生。

父母和孩子的沟通十分重要。父母所说，和孩子的理解往往有距离。西方有一种说法：孩子一般不会成为父母认为他们能够成为的人，也不会成为他们自己认为自己能够成为的人，因为孩子往往还不能理解自己真心所想，也无法完全理解父母的期望，他们最终很可能会成为的是他们自己理解的父母认为他们能成为的人。这一说法的要点在于我们需要加强和孩子的沟通，不单注重质量，还要注重数量，这样才能保证相互的正确理解。父母认为孩子能够成为的人和孩子认为父母希望他们成为的人是有差距的，跨越差距的桥梁是孩子和父母以及他们在生活中的偶像在沟通、互信中建立的紧密关系。

我的初中数学老师是影响我最终成为数学教授的主要因素，在初一的时候，数学老师总是表扬我的数学学得好（尽管现在见面的时候她否认这一说法，她说那时候的我是班上的捣蛋鬼）。但事实是，这些褒奖提高了我对数学的兴趣，鼓励我不断自我学习，发现了研究数学问题的乐趣，最后成为一个以教育和研究数学问题为主要事业的人。

父母如何与时俱进，让孩子在新时代学习成长呢？一位教育界的名人说过：对父母而言，家庭教育首先是自我教育，父母要勇于改变自己，在面对孩子时拥有良好习惯，才能把孩子教育好。首先，父母需要改变观念，不把孩子看成是自己的附属品，孩子应该首先属于他们自己，其次属于社会。为人父母是一种责任，作为这种责任的回报，父母享受孩子成长的乐趣，仅此而已。这一观念有助于父母和孩子的流畅沟通和心灵连接，也有利于和孩子平等相待，培养孩子独立精神，自强自立。

● 成功是幸福人生

父母也要端正和理解成功的内涵。孩子成功的定义应该是有一个快乐人生，有独立人格，并有选择自己成长道路的自由。成功是有自己的朋友和灵魂伴侣，成功是做自己乐于做的事，成功是做一个能对社会做出贡献的人。成功不一定是成为医生、CEO，或者成为亿万富翁。如果这些事业成功不能导致快乐人生，就不是人生的成功。

有些父母常会对孩子说：我们把最好的给了你，就是希望你成功。可是他们所认为的成功内涵往往是希望孩子去实现自己没有实现的梦想，这其实是一种绑架。被绑架在父母梦想中的孩子往往会失去自我，被那些不是自己的追求压得喘不过气来，变得一蹶不振，或者叛逆抗拒。其实，父母培养孩子不应该是为了造就一个父母理念中的完美之人，而是帮助孩子实现自我塑造。这一对成功理解的改变，有助于父母帮助孩子找到自己的兴趣，成长为独立自主、幸福快乐的人。

我认为父母培养孩子是为了让孩子以后有一个幸福的人生，这样他们才会"不枉此生"。有些人觉得孩子应该富

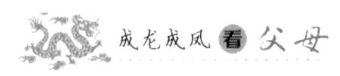

有、出人头地或者事业有成才会有幸福人生。但我认为富有、出人头地或者事业有成不是幸福人生的前提,幸福人生并不和这三者等同。在西方,很多所谓的成功人士的生活并不幸福,而一个普通的清洁工却可以每天都过得很快乐和充实。所以,在面对孩子的时候,父母不应该以终为始,而应该以始为终。以终为始注重结果,以始为终注重孩子的天性。以终为始的结果是收敛的,而以始为终的结果是发散的。以始为终就是着重于培养孩子的个人兴趣,支持孩子做自己感兴趣的事情,给孩子足够的自由去选择,包括长大后的生活方式。用这种方法培养出来的孩子,以后的职业可能五花八门,共同点是他们很可能不仅会拥有幸福人生,也提高了做出"成就"的概率,恰恰在没有刻意追求"成功"的时候,父母提升了孩子"成龙成凤"的可能。

● 幸福人生是什么?

怎样才算拥有一个幸福的人生呢?每个人可能都有不同的理解和看法。我认为幸福人生有一些共同点。按美国社会和情绪学习课程的标准,幸福人生的基础是具备以下5种能力:第一,有正确的自我认知(自我认知力)。自我认知是对自我的理解,它比以后要介绍的自我概念简单一点。只有认识自我,才可能接受自己。不能接受自己的人,不管他有多少金钱、多高的地位,都难以有一个幸福人生。第二,具有良好的自我管理能力(自我管理力)。没有自我管理能力的人只会放纵,而没有长久的快乐。第三,能够接受社会对自我的评估反映(接受评估力)。人都想得到社会的认同和尊重,这是幸福人生的一个来源,但是,不可能所有的反映都是正向的，如果不能面对和接受这些负面的评价，人生也难以幸福。第四，具备良好的人际交往技能（人际交往力）。良好的交际技能能够给他人带来快乐，给自己带来朋友。第五，习惯于做负责任的决定并对自己的决定负责（决定力）。能够做决定并对自己的决定负责，是独立和成熟的关键指标。以上五个能力点是幸福人生的基础，而这些能力很大程度是在孩子小时候就开始养成，如果父母能在孩子小的时候培养他们的这五种能力，孩子未来的幸福人生就有一个很好的基石。

如果你认同以上成功的定义，如果你希望孩子成为一个能够独立思考、有自主人格、有快乐人生并能够为社会做出贡献的人，作为父母，你就应该去学习下面的几项习惯。

1. 习惯于鼓励孩子尝试挫折和失败。
2. 习惯于正向鼓励，不打骂，不恐吓。
3. 习惯于鼓励独立精神，从小开始鼓励孩子做力所能及的事情和决定，帮助他人并勇于承担责任。
4. 习惯于用爱去面对孩子，通过逻辑和孩子沟通。
5. 习惯和孩子做朋友，不要把自己摆在权威的位置，和孩子平等沟通。
6. 习惯于鼓励孩子多说话和交流，构建沟通能力，提升情商。
7. 习惯于鼓励孩子读书，培养其不断学习和思考的习惯，建立对错观。

在建立这些良好习惯的同时，父母还要了解不同年龄段孩子的身体、社交和情感特点，学习一些具体的育儿方

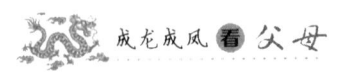

法，通过把这些习惯落实到和孩子的日常互动和育儿过程中，帮助孩子健康成长。因而，此书分为习惯篇和行动篇两个部分，习惯篇讲述为人父母需要遵循的一些关键习惯，行动篇根据孩子不同的年龄段，给父母提供一些具体的育儿建议。

目 录

第一部分 习惯篇

第一章 教育孩子的科学依据 / 2
大脑发育的生理逻辑 / 3
培养孩子的良好自我意识和自我概念 / 6
其他影响孩子行为的大脑元素 / 16

第二章 习惯于鼓励孩子尝试挫折和失败 / 21
建立自己的家庭文化 / 21
让孩子学会面对输 / 23
培养孩子庆祝失败 / 26
创造让孩子失败的机会 / 30
行动要点 / 32

第三章 习惯于正向鼓励,不打骂,不恐吓 / 33
与孩子建立紧密联系,做好榜样 / 34
帮助孩子改变自己的不当行为 / 38
正向鼓励,帮助孩子建立健康的自我意识 / 45
改变孩子行为三个方法的比较 / 51
行动要点 / 53

第四章 习惯于鼓励独立精神——从小开始鼓励孩子做力所能及的事情和决定,帮助他人并勇于承担责任 / 55
不要把自己的期望强加给孩子 / 56

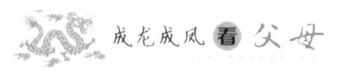

    多让孩子自己做决定并承担后果 / 59

    注意培养孩子的责任心 / 66

    行动要点 / 68

第五章 习惯于用爱去面对孩子,用逻辑和孩子沟通 / 70

    爱孩子意味着完全接受孩子 / 71

    爱需要告诉孩子 / 74

    爱孩子的含义 / 75

    用逻辑和孩子沟通 / 80

    行动要点 / 85

第六章 习惯和孩子做朋友——不把自己摆在权威的位置,和孩子平等沟通 / 86

    通过自己的榜样作用帮助孩子成为正向的人 / 87

    和孩子建立紧密和互信关系 / 90

    和孩子平等沟通 / 94

    行动要点 / 97

第七章 习惯于鼓励孩子多说话和交流,构建沟通能力,提升情商 / 99

    情商的基础是密切的家庭关系 / 100

    帮助孩子管理情绪和解决冲突 / 105

    与情商相关的几种能力培养 / 109

    读懂身体语言的基本方法 / 116

    行动要点 / 118

第八章 习惯于鼓励孩子读书、学习和思考,建立对错观 / 120

从小培养孩子的读书习惯 / 121
学会学习的方法比学习本身更重要 / 123
创造力源于多动手和多元化兴趣 / 127
帮助孩子建立对错观 / 131
行动要点 / 133

第二部分　行动篇

第一章　培育 0～1 岁婴儿的技巧 / 137

0～1 岁婴儿的发展里程碑和安全注意事项 / 137
0～3 月婴儿的特点 / 142
0～3 月婴儿的育儿技巧 / 142
培育 0～3 月婴儿的行动建议 / 147
4～12 月婴儿的特点和行动建议 / 148

第二章　培育 1～2 岁孩子的技巧 / 154

1～2 岁孩子发展里程碑 / 154
培育 1～2 岁孩子的行动建议 / 159

第三章　培育 2～3 岁孩子的技巧 / 162

2～3 岁孩子发展里程碑 / 162
培育 2～3 岁孩子的行动建议 / 165

第四章　培育 3～4 岁孩子的技巧 / 168

3～4 岁孩子发展里程碑 / 169
培育 3～4 岁孩子的行动建议 / 172

第五章　培育 4～5 岁孩子的技巧 / 174

4～5 岁孩子发展里程碑 / 175

　　　　培育 4～5 岁孩子的行动建议 / 179

第六章　培育 **5**～**6** 岁孩子的技巧 / 182
　　　　5～6 岁孩子的发展里程碑 / 183
　　　　培育 5～6 岁孩子的行动建议 / 186

第七章　培育 **6**～**7** 岁孩子的技巧 / 189
　　　　6～7 岁孩子发展里程碑 / 190
　　　　不当行为处理 / 193
　　　　培育 6～7 岁孩子的行动建议 / 197

第八章　培育 **7**～**8** 岁孩子的技巧 / 199
　　　　7～8 岁孩子发展里程碑 / 200
　　　　培育 7～8 岁孩子的行动建议 / 204

结语 / 207

后记 / 211

第一部分 习惯篇

简介

习惯篇给父母提供了7个需要自我培养的习惯。就如卓越不是一个行动，而是一种习惯，培养孩子也不只是需要做对一件事情，而是需要一如既往地做正确的事情。那就要求父母在和孩子的相处中，拥有适合孩子学习成长的习惯。父母是孩子的榜样，每时每刻，在潜移默化中，孩子都在向父母学习。所以，最好的育儿方法是父母有和孩子相处的正确习惯。

本书中所说的望子成龙，就是希望孩子有幸福人生。为孩子的幸福人生打下基础的一些重要能力培养，最好的方法是贯穿和体现在父母与孩子相处的习惯中。由于我们传统的育儿理念和方法与这些能力培养的方向不完全匹配，书中提出的几个习惯的培养，要求父母对过去传统育儿方法和理念做出修正和改变，另外几个习惯则需要父母去虚心学习。因而，这些育儿习惯的培养，首先要求父母有改变自己的勇气和学习新事物的胸怀。要改变孩子，首先要改变自己。

育儿习惯的建议，基于近代一些脑科学和心理学的研究发现。对这些研究结果的基本了解，能帮助父母了解养成良好育儿习惯的出处以及很多孩子行为的客观原因。本书把这些理论基础的描述放在第一章，如果读者觉得第一章的内容晦涩难懂，可以跳过，从第二章开始阅读。在读完其他习惯篇的内容之后，再回头阅读第一章。

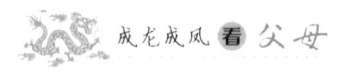

第一章

教育孩子的科学依据

本章涉及孩子的生理和心理学基础,对此不感兴趣的读者可以放心跳过本章,这不会对理解之后章节的内容产生影响。

中国人有种说法:三岁定八十。也有句古话:三岁看大,七岁看老。3岁看的是人性、性格,中国人觉得到3岁就能看到一个人的性格了。7岁的时候看老,笔者的理解是,7岁就可以看到孩子以后的成就,"老",就是人生走到了尽头,是回忆和回顾的时候。人生路途的坎坷和成就,7岁的时候就可窥一斑。

其实这句话和现代科学吻合,现代科学通过对孩子大脑的研究发现:新生儿的大脑重量在390g左右,9个月大的时候有660g,3岁的时候生长到1100g,7岁的时候达到

1280g，和成人大脑重量相近。换句话说，孩子从出生到9个月，大脑的重量加倍，从9个月到7岁，大脑的重量再加倍，而7岁以后大脑的重量就没有太大的改变了。由此可见，从出生到7岁是小孩大脑发育和成长最迅速的时候，7岁之后大脑已经基本成型。从孩子大脑发育的角度看，父母教育和培养孩子的黄金时间是0～7岁，需要好好把握。

大脑发育的生理逻辑

现代科学发现，小孩子3岁的时候，一个神经细胞大概有1万个链接，而成人只有1000～5000个链接。所以0～7岁是培养孩子的性格、对事物的看法、形成自我意识和概念的黄金时期。幼儿教育和发展对其一生的意义十分重大，如果我们把17岁时人能达到的智力水平指定为100%，那么从出生到4岁，孩子会获得50%的智力，4岁到8岁，孩子会获得另外大约30%的智力，仅有20%的智力是从8岁到17岁获得。由此可知，父母对于幼儿的关注、关怀和培养是何等重要：它关系到孩子的一生。

人的大脑可以简单区分为上下左右四部分，不同的部分有不同的分工。简单的分类就是：左脑负责逻辑思维和语言，主管理性思维；右脑主管经历、情绪和感觉，分工情感和情商。婴儿生来就有比较成熟的右脑，而左脑有待发展，这就造成了年幼的孩子都比较情绪化、难以理喻的

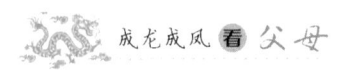

表象。父母的工作之一就是帮助孩子发展左脑，用思考和逻辑去平衡情绪。

下脑控制本能和基本功能，例如呼吸、生气和害怕等本能情绪。很多人即便根本没和蛇打过交道，也会谈蛇色变，不仅女孩子怕蛇，七尺男儿怕蛇的也不在少数，而与之相比，现代社会同样危险的如车、高压电等，人们却没有表现出相同的害怕程度，因为人类还没有足够的时间把这些危险进化为本能。怕蛇是人的本能，经过千万年的进化，与生俱来烙印在人的基因里，由下脑控制。上脑负责计划、逻辑和思考。基本来说下脑生来就定型，后天难以改变。而上脑在出生之后不断地学习成长，可以塑造和培养。作为父母，我们的工作是要让孩子更科学地完善和提高自己的脑功能，让孩子更茁壮成长。

孩子在0～3岁时主要由右脑和下脑主导，所以这阶段的孩子比较容易情绪化。平衡这年龄段的情绪化，父母要着重于引导孩子去思考。比如小孩子哭闹的时候，父母首先要用爱去关爱孩子，用自己的右脑与孩子的右脑沟通，让孩子的情绪平和下来，因为孩子在受情绪控制的时候，逻辑和道理难以与之共存。只有在孩子安静之后，我们才能够鼓励孩子思考，让左脑参与进来，用逻辑和道理主导孩子的思想和行为。由于左脑也负责语言，所以在小孩子发脾气的时候，让孩子的左脑参与进来影响行为的一个科学方法是通过语言和孩子沟通，鼓励孩子使用语言表达自己的感受或者描述自己的行为，这样，通过左脑的参与，平和孩子的情绪。

我们要帮助孩子建立上脑和下脑的连接。下脑掌管本能,上脑掌管思考、想象力和计划能力。如果孩子能够用上脑来监视、管理下脑的功能,孩子的很多行为就能变得正常和有逻辑。人们的很多冲动都源于下脑的作用,在下脑主导时,人们所有的行为都由本能主导,行为不再由逻辑和道理支配,而只是出于本能的反应。不仅是孩子,成年人也常会出现被下脑支配的状态,并在事后难以接受和理解自己在这种状态下做出的事情。避免这种状态发生的关键在于上下脑的连接。上下脑的紧密沟通可以让我们处险不惊,在本能反应之外,还能够使用逻辑帮助做出正确的决定。

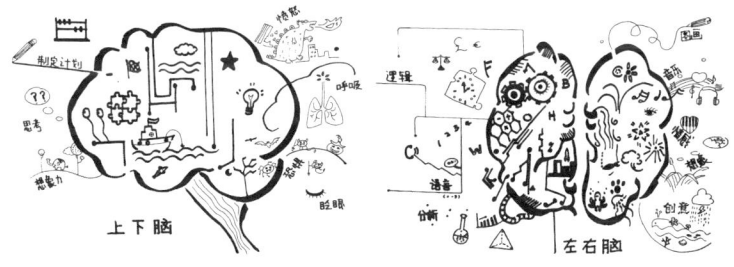

了解了大脑的基本功能以后,父母就能理解为什么孩子有时候会做一些让父母觉得"不可理喻"的举动,比如无端地哭闹和害怕。这时候的孩子只是被下脑所主导,上下脑没有连接,孩子正在做本能告诉他们应该做的事情。同时,我们也能知道如何应对孩子的"无理取闹"。打骂、恐吓、警告等都不是解决问题的方法,这样只会令孩子更

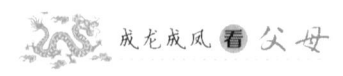

加情绪化,产生负面的效果。孩子越是情绪化,父母越需要表现出耐心和爱心,这样才能帮助孩子从情绪化的状态解脱出来,让孩子左脑的思考和逻辑参与指导孩子的行为。

父母也应该告诉孩子大脑的工作原理,让孩子明白自己的情绪从何而来,让他们通过思考有效地控制自己的情绪。有研究发现,大脑的发育可以持续到 25 岁,但关键的奠基性时间还是在小孩子 0～7 岁的时候,所以家长们一定要好好把握这一黄金年龄。

上面的表述好像把右脑描述成孩子问题的源泉,而左脑是解决问题的关键。其实不然,右脑的发展对人的成功也至关重要,因为右脑主管情商,情商是领导力的关键基础,问题的本质在于幼儿的右脑发育比左脑发达,而左脑有待成长。所以在 0～7 岁时间段,我们要多关注孩子的左脑,实现左右脑的均衡发展。

培养孩子的良好自我意识和自我概念

我们希望培养孩子自我认知和坦然接受他人对自我评价的能力,也希望孩子成长为独立和自信的人。这些都属于心理学的范畴,心理学认为每个人都有一个自我意识(self-awareness)和自我概念(self-concept)。

自我意识的含义

从定义上看,自我意识是对自我的理解和认识,其中包括对自己身体、爱好、兴趣、能力、性格的认知和对自己与他人关系的自我理解。自我意识包括自我认知、自我体验、自我调节和控制 3 个维度,自我意识在孩子成长的过程中形成。孩子的自我意识就是对自我身心活动的觉察和认知。孩子在不同的年龄段对自己身体的认识不断加强,他们首先认识自己的相貌,然后认识自己的身高、体重和表情等生理特征。有些孩子在孩提时代就会发现自己的兴趣、爱好、能力和性格,还会认识到自我和他人的关系。健康的自我意识基于客观的自我认知,在正确的自我认知的前提下提炼出客观的自我评价,从而调节自我、实现提升。有正向的自我意识意味着孩子有正确的自我认知、比较客观的自我评价和一定的自我调节能力。

自我认知

一般来说,8 个月前的婴儿还没有萌发自我意识。孩子在 1 周岁左右开始逐步认识自我。首先,孩子会从镜子中认识自己。当孩子能把自己与他人分开的时候,他们的自我认识又前进了一步。这时候的孩子对自己的镜像与自己动作之间的关联有了清楚的认知,他们已经能够区分自己

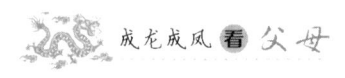

的动作与他人的活动。例如，这时候的孩子会热衷于把自己的玩具扔掉，让父母拾起，反反复复，乐此不疲。父母不要认为这是孩子在和自己过不去，或者认为自己做错了什么，更不要尝试去阻止孩子的举动，这是孩子成长的表现，也是孩子能够明确区分自己行为与他人活动的例子。

孩子在2岁前后，自我意识有一个飞跃。这一飞跃的特点是孩子开始认识自我特点。这时候的孩子开始把自己作为客体认知，体现在孩子能够在照片中认识自己，能够用正确的语言表达出自己和他人。发展心理学家认为，父母对孩子的爱和与孩子的密切联系对这个时间段孩子的身心发展至关重要，如果孩子能感受到父母的一贯爱心，父母一如既往地对孩子的需求做出迅速反应，并很好地安排孩子的生活环境，让孩子感觉到自己环境的规律性以及环境变化的可预测性，孩子就可以体验到安全感。如果父母热情和正向地鼓励孩子的进步和努力，就可以让孩子体验成就感和享受满足感。

3～7岁孩子的自我认知体现在他们愈来愈多地提出要求和更经常地坚持己见，并要求父母和他人尊重自己的决定，这是孩子脱离依赖、要求独立的初步体现。这时期的孩子学会和父母说不，并尝试自己去做事情，他们想要自己去体验和理解世界。希望孩子独立并富有创造力的父母要抓住这一黄金机会，引导、鼓励和培养孩子的独立精神，鼓励孩子多动手、多尝试、多思考，鼓励孩子去独立，而不是觉得孩子不听话从而不断打压孩子的独立尝试。

具体到3～4岁的孩子，他们往往在经历人生的第一个逆反期，这是自我意识成长的具体体现。在逆反期之前，孩子处处依赖父母，遵循父母的意志行动。逆反期的孩子尝试自己去面对世界，按自己的意愿去行动。他们尝试参与父母和其他的成人活动，认为成人能做的事自己也能做。这时期的孩子喜欢自己动手，不喜欢父母帮助自己完成任务，如果父母动手帮助他们做一些事情，孩子往往会推倒重来。父母要把这一时期孩子的自我意识膨胀作为培养孩子创造力的机会，鼓励孩子多尝试、多动手。

5～7岁是孩子心理发展的一个重要阶段，也是建立良好自我意识的关键时期，这年龄段的孩子开始学会自我评价。自我评价在孩子和环境互动、和朋友交往中进行，这一评价是多维度的，包括行为、外表、成绩、性格、交往人群的接纳度等。有良好自我意识的孩子喜欢自己并感到快乐；没有良好自我意识的孩子对自己没有信心，常常产生悲哀、愤怒等消极情绪。

自我体验

自我体验是伴随着自我认知而产生的内心体验，是一种情感表现。随着孩子对自我认知的增加，孩子会对这一客观认识产生体验（基于外界反馈以及与自我标准和价值观比较），如果自主感觉与客观的自我认知一致，会产生积极的自我体验，反之，如果自主感觉不认同客观的自我认

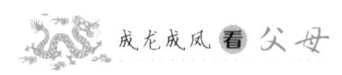

知,就会产生消极和负面的自我体验。例如,孩子的客观自我认识到自己有胖乎乎的小手和小脸,如果孩子通过和父母沟通,自主感觉这一客观表现是自己可爱和健康的表现,那么产生的自我体验是正向的,反之,如果父母对孩子说"你怎么那么胖呢?你需要减肥了!"孩子客观自我的自主感觉可能就是自己是个胖子,这一感觉与孩子自己希望健康的要求相违背,从而产生负面的自我体验。

因而,父母要注意自己的言行,尽量让孩子有正向的自我体验,这与培养孩子良好的自我意识息息相关。

自我调节

自我调节是指孩子通过一些行为去调节、改善自己的负面情绪。自我调节是孩子的本能,也是可以学习的技能。例如,在孩子害怕某种声音的时候,孩子会主动捂住自己的耳朵;当孩子看到某种情境产生恐惧的时候,也会主动看别的东西或者捂住自己的眼睛;有些孩子在尴尬的时候,会去拿玩具,以分散自己的注意力,调节自己的情绪。这些都是孩子自我调节的本能。

父母可以主动教育孩子自我调节的技能。例如教会孩子如何去分散注意力:当某件事情产生负面情绪的时候,尝试去做另外一件事情。孩子也可以学习使用改变目标的方法:当孩子不能得到自己想要的东西时,尝试换一个目标。"叙述与回答"也是自我调节的一个方法:把影响自己情绪的事情通过语言表达出来，并描述自己的解决方法。

自我概念的培养

自我概念是人对自身存在的体验，包括通过经验、反省、他人的反馈逐步加深对自身的了解，从而形成的对"自己是谁"的认知。认知结构由态度、情感、信仰和价值观等组成。自我概念是基于自我意识下对自己是谁的一个提炼。

自我概念包括三个维度：反映评价、社会比较和自我感觉。

反映评价

从孩子的角度看，反映评价就是孩子从其他人那里得到关于自己的信息从而成为自我概念的一部分，这些信息来自于孩子从其他人那里得到的对自己行为的反馈。如果反馈是正向的，孩子就会自我感觉良好；反之，如果得到大量的负面反馈，孩子可能就会失去信心，认为自己在某方面没有才华或者不能胜任，产生消极倦怠态度。例如，一个孩子在幼儿园受到老师的表扬，老师对孩子说："你这画画得真好！"那么，通过这个反馈，小孩子就会下意识地认为自己有好的画画能力，也会潜意识去努力把以后的画

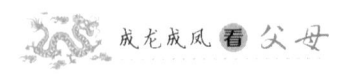

画得更好。自我概念的反映评价是父母应该给孩子大量正向鼓励的理论根据。

社会比较

社会比较的内涵来源于孩子的生活。孩子生活在群体中,有群体就无法避免比较。孩子会本能地和其他孩子去比较,从穿什么衣服、吃什么东西、玩什么玩具,到有什么朋友和父母,都可能进行比较。孩子之间的比较往往是无意识的,出于内心的好奇,并不会以比较的结果区分喜恶。而与此同时,很多家长也在比较,谁家孩子学习好,谁家孩子调皮。家长的比较心态常常影响孩子的比较选择。

比较可能产生正能量,也可能产生负面影响。父母要注意引导孩子进行正向比较。所谓正向比较,就是在意识到他人长处的时候,抱着一种学习和欣赏的谦逊态度,在发现自己优点的时候,不盲目自大,而是有意识地去帮助他人。因为在和他人比较的时候,能清楚自己在群体中的位置,向优秀的同辈或长辈学习,反思自己的行为,这样才能让孩子通过比较得到更多的正向动力。父母要给孩子提供正确的引导,让孩子认识到每个孩子都是特别的,都有优点和缺点。比较是为了从中学习,而不是盲目攀比,形成"势利"之心,对自己产生盲目的优越感或自卑感。

至于社会比较,很多父母本身也做得不好。有些父母在教育孩子时使用比较的方法,由此产生不理智和扭曲行为。他们不在乎孩子是否学懂,个人兴趣在哪,就怕自家孩子学不过别人,输在起跑线上,所以争相给孩子报各式学前班、兴趣班。其实父母的这种心态更多是为了自己在比较中胜出,而非真正为了孩子。有些父母常常要求孩子向"别人家的孩子"看齐,很少反思自己、从孩子的角度去考虑什么才是孩子的幸福人生。自己的孩子适合学习什么、自己该怎么引导,这些问题的答案都不可能从和其他孩子的比较中获得。

正确的社会比较要尊重孩子的个性,父母应该首先和孩子说:你是唯一的,世界上没有另外一个和你一样的孩子;父母是爱你的,不管你做了什么事情,成绩好坏,父母的爱都不会改变。三人行,必有我师,每个人都有自己的特点和长处,这是自然的规律,所以要抱着学习的心态去进行比较,父母和孩子都可以在比较中让自己成长,变得更好。

自我感觉

孩子的自我感觉很大一部分基于他人对自己行为的反馈,孩子从这些反馈中认知自我。自我感觉是反映评价的升华,建立在孩子对自己的思考和剖析之上:从别人那里得到关于自己的观点后,小孩子就会去思考自己是个怎样的人、有些什么长处,从自己的角度去思考自己的优势是什么。

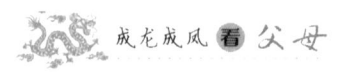

自我概念的作用

理论上,自我概念的作用大致分为以下四种:自我引导作用、自我解释作用、自我期望作用和自我成败归因作用。

自我引导作用

自我引导作用强调的是人们对自己的观念评价会直接影响自己的行为。以学生为例子,自我胜任概念积极的学生,学习的积极主动性明显高于自我胜任概念消极的学生。相关研究也表明,学生对自己的名声品德的自我概念与其自律性直接挂钩。当一个学生认为自己"声名狼藉"的时候,他会不自觉放松对自己行为的约束。很显然,通过保持内在一致性的机制,自我概念实际上起着引导个人行为的作用,对于孩子的成长、引导他们形成积极的自我概念、对他们的行为指导有重要的意义。家长从小鼓励孩子,从正面肯定孩子,能帮助孩子树立"我很好,我自己能做好这件事"的自我概念,因而孩子也会自觉地让自己的行为与自我意识中积极的自我概念保持一致。

自我解释作用

自我解释作用指的是:人们从自己的经历中能学习到

什么，取决于自我对经历的理解。相同的经历对于不同的人会有不同的影响，原因在于他们对同一事情的解释和理解有所不同。例如两个孩子 A 和 B 参加同样的篮球比赛，都得了 10 分，对于 A 来说，她可能认为自己的篮球水平一般，拿到 10 分已经是超常发挥，非常开心，决心再接再厉；可是对于 B，有可能认为自己的水平远不止于此，觉得比赛打得不好，下次一定要挽回。这个例子说明个人的自我满足水平不但取决于获得的成就，还与其抱负水平及如何解释成功有重大关系。

自我概念就像一个过滤器，进入孩子心理世界的每一种知觉都通过这个过滤器被加工处理，再呈现在孩子脑中。父母需要帮助孩子形成积极的自我概念，孩子会受益终身。

自我期望作用

心理学家伯恩斯（R. Burns）1982 年指出，儿童对于自己的期望源于自我概念，并与自我概念一致，而孩子后继的行为也决定于自我概念的性质。从学习的角度考虑，自我概念积极的孩子，自我期望值也高。当他取得好成绩时就认为这是意料中的事，好成绩正是他所期望的。好的成绩也加深了孩子对自己的肯定，从而激发孩子的学习热情和兴趣。由于自我概念的正反方向会引发与其方向相一致或自我支持性的期望，而这一期望会有意识或者潜意识地让人们采用让他们能够实现期望的行为，因而自我概念的

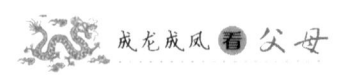

本质能够反映孩子将来的可能成就,中国谚语"三岁定八十"也可以从这一角度理解。

自我成败归因作用

归因是指人们对他人或自己行为原因的推论过程,自我成败归因的内涵是当一个人经历过一桩刺激事件之后,个人将根据自己所体会到的成败经验,并参照自己对事件环境和相关事实的了解,对自己的行为后果提出归因解释。

归因理论源于社会心理学家海德(Fritz Heider,1958)和温纳(Weiner,1972)提出并建立的一套从个体自身的立场解释自己行为的研究。对工作成败的归因取向将影响个人以后再从事类似工作时动机的高低。父母需要培养孩子具有积极的自我概念,相信自己的努力,将成败归因于自己的努力程度的孩子,常会归因于自己的细心或疏忽,学会承担责任,并从主观上找原因。

其他影响孩子行为的大脑元素

多巴胺

"多巴胺"的发现也为教育孩子的方法提供了科学根据。多巴胺是大脑中的一种化学物质。很多人对多巴胺的认知来自于服用它能够帮助克服时差和帮助睡眠,其实多巴胺是一种天然存在的脑神经连接元素,它帮助神经细胞之间进行信号连接,实现通信功能。我们可以把多巴胺理解为"快乐元素"。当人们做那些让他们有欢愉感觉事情的时候,他们的大脑会产生大量多巴胺,这些多巴胺刺激脑细胞相互通信,产生快感,这些快感形成记忆,从而鼓励人们重复那些让他们产生快感的事情。

食用毒品令人上瘾也是由于食用毒品会产生大量的多巴胺,所以吸食毒品的时候人能产生极大的快感甚至幻觉,而一旦食用过毒品,日常生活中产生的普通分量的多巴胺难以再让吸毒者感到同样的"快感",想要再次快乐,就必须重复食用毒品并加大毒品的用量,形成"毒瘾"。

父母要教育孩子远离毒品,但是可以用多巴胺理论去鼓励孩子的正确行为,这是父母需要对孩子多做正向鼓励的原因。因为在父母正向鼓励孩子的时候,孩子的大脑会生成和接受大量多巴胺,产生令他们愉悦的感觉,这些多巴胺鼓励孩子重复那些父母正向鼓励的事情,让孩子养成做正确事情的习惯,保持优秀,并享受进取的快乐。

镜像神经元

镜像神经元的发现为孩子的情商培养提供了重要的理论根据。镜像神经元是20世纪90年代初研究人员在灵长类动物中发现的。这些神经细胞位于人们的运动系统中,并

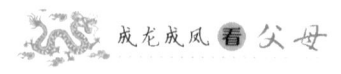

在执行一个动作或观察别人做同一个动作的时候被激活。孩子在看到其他人的表情和动作时，镜像神经元会让孩子的大脑觉得自己也在做同样的动作，并下意识地模仿。小时候看到别人吃东西，会不由自主地吞口水，这就是镜像神经元引起的自然反应。

神经科学家认为，镜像神经元系统可以帮助我们了解其他人的行为和意图，也是人类"协同情绪"（如同情）的神经基础。孩子生来就具备共情和情商的本能，父母所要做的就是把这些本能开发出来，让孩子掌握培养情商的技巧。

大脑开发

如何开发大脑，把孩子的大脑全部运用起来，有一种说法叫大脑探视，大脑探视有两个方面，一个是自我的大脑探视，一个是注重与他人的大脑进行连接。有科学家对一群白鼠做过实验，当它们听到声音时科学家同时喂食，最后发现这群白鼠脑内主管听力的部分特别发达；而当实验改为每当白鼠用眼时就同时进行喂食，则最后白鼠主管视力的部分变得发达。可以看出，当白鼠专注于某一方面的时候，它们大脑的特定部位就会受到刺激而变得发达，在这方面，人也一样，当有意识地锻炼大脑活动，大脑相关的能力也会变得更好。

记忆与负面情绪

有研究发现,人的情绪每次出现的时间约为 90 秒。因此,父母需要让孩子知道他们的情绪会很快离开,鼓励孩子不要专注于一种情绪而不能自拔。很多孩子在受到自己情绪控制时,他们脑袋里就会产生一个相关的景象。比如当孩子害怕自己没有朋友时,他们可能会幻想出自己一个人玩的情形。孩子真正害怕的是他脑子里产生的这个景象,当父母帮助孩子克服了对这个景象的恐惧,孩子也就自然地克服了相关的负面情绪。当孩子做噩梦的时候,父母可以问他们梦到了什么,鼓励孩子描述出来,让孩子明白自己有的是什么感觉,如果孩子能感知自己的感觉,走出牛角尖,学会不只是专注于一种感觉,孩子就达到了控制自己情绪的第一步。

人有两种记忆,一种是潜意识的记忆,虽然记忆形成了,但自己并没有意识到;还有一种是有记忆的记忆。一般潜意识的记忆都是好的居多,因为我们都希望记住好的经历。但是也有不好的经历会产生负面的潜意识记忆。人们常常会被这些负面的潜意识记忆所困扰,例如孩子害怕自己没有朋友,就可能源于一个负面潜意识记忆。这个孩子可能有过一个自己独自在游乐场没有玩伴的不好经历,或者他一个人在游乐场玩的时候碰到了一条恶狗。这一经历就可能潜意识地让孩子避免再去游乐场,并在父母带他

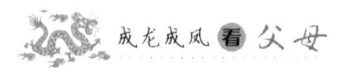

到游乐场时做出不理智的抗拒行为。解决这种问题的最好办法是将这种潜意识里不好的记忆转变成有意识的记忆，通过沟通和回忆，将潜意识的经历变成有意识的记忆之后，父母和孩子就可以将经历拿出来分析、沟通，并最大限度地去掉其负面影响。

潜意识都是杂乱无章地存储在我们的脑中，要把负面潜意识挖掘出来并转化为有意识的记忆并非易事。一个方法是把孩子现在的经历和他潜意识里不好的记忆关联起来。人大脑中的海马体的功能就是把潜意识的记忆和有意识的记忆进行连接。

复述故事是链接左脑和右脑的一种有效方法，同时也是将潜意识的记忆和现在的记忆关联的方法。因为人都会倾向于把那些很痛苦或者不愉快的经历隐藏起来，藏在潜意识中。孩子更是那样，那也是孩子自我保护的一种方法。这时父母就要引导孩子，帮助和鼓励孩子把潜意识中的负面经历作为一个故事讲出来，通过这个过程，潜意识的经历会被孩子用逻辑分析、加工和处理，从而把这段不愉快的经历的不良影响降到最低。

第二章

习惯于鼓励孩子尝试挫折和失败

社会有社会的文化,公司有公司的文化,一个家庭也可以有自己的家庭文化,一般父母都没有把家庭习惯提升到文化这个角度进行考虑。笔者建议那些希望把孩子培养"成龙成凤"的父母认真思考一下,自己的家庭文化是什么?因为,有文化的家庭更能培养出有底蕴的孩子。

建立自己的家庭文化

家庭文化和公司文化、社会文化类似,也有它的特点。家庭文化的内涵可以包括价值观、个人修养、期望和目标

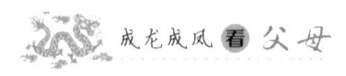

建立、沟通方法和冲突解决模式。价值观就是人的价值准则、道德原则,诚实、尊重他人和责任心是其中的要点。这些价值观的培养首先要求父母做好表率,在日常的行为中表达和体现这些价值观,让孩子模仿学习。个人的修养和性情包括人格、气质、心态,这些品质将决定孩子是否从容和勇敢,这些内涵能形成孩子的自我概念和人格魅力。孩子的修养和性情决定孩子是否向上努力,遇到挫折不气馁,以及孩子与家人和朋友的关系。

父母需要对孩子有合理的期望,包括对生活、对人际关系和对职业规划的期望,父母的期望必须要现实,如果某个父母把让孩子获得诺贝尔奖作为期望,可能就不是期望,而是奢望了。不能完成的目标不但起不了鼓励孩子不断努力的作用,还会产生让孩子失去信心的副作用。

父母也需要在家里建立沟通的文化,充分沟通会把家人的联系变得更加紧密,经常沟通会提升孩子的情商。相比于智商,情商更能帮助一个人在一个组织中取得成功。经常沟通也是家庭成员间学会解决彼此冲突的方法,冲突解决是一种技能,是可以学习的,解决冲突的关键点是对自我情绪的把控和对他人意见的尊重与理解。父母要学会尊重孩子的看法,在家中建立一个每人都可以有自己想法和看法的氛围。一家人可以统一行动,但一定不要统一看法。

最后,家庭要想办法建立一些传统,一些专属于自己家庭的东西。例如笔者有一个朋友,孩子每次生日都会用橄榄油涂在孩子鼻子上,这件事情成为一个传统,虽然孩子长大之后便没有继续,但这成了一个很温馨的动作,刻在孩子心中,孩子永远不会忘记。所以父母应该仔细考虑一下应该在家里建立一些怎么样的文化,以帮助孩子成长。笔者建议中国的父母也可以考虑把庆祝失败作为家庭文化的元素之一。

让孩子学会面对输

中国现在有一档很火的真人秀节目《最强大脑》,令笔者印象比较深刻的是一个叫黄小龙(化名)的孩子,这个孩子十分优秀,小小年纪便可以代表中国战队迎战,与他对战的是一位和他年纪相仿的意大利男孩安德烈,节目组要求他们现场记忆51位新人的站位,并且用玩偶把新人的站位模拟出来。黄小龙开始以为自己摆错了位置,当场失声痛哭;当结果证明他摆放的位置正确时,他马上破涕为笑。反观安德烈,在看到自己的对手伤心落泪时,也为同伴难过地留下了泪水;在看到黄小龙胜利时,安德烈由衷地为黄小龙感到高兴并拥抱了这位对手。

从两位孩子的表现可以看出两位少年截然不同的情商。从情商的角度,我们中国的代表黄小龙虽然赢了比赛,但是他的父母却输了教育。黄小龙遇到了挫折,做的是自己的感情宣泄,而安德烈面对失败的时候是庆祝对手的胜利。

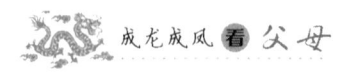

当然，有比赛就会有输赢，渴望胜利没什么不对，可是我们都知道，一场高手对决，除了决定性的技术问题，还有很多可能影响的因素，比如当天的身体、心理状态等都有可能对比赛的结果产生微妙而不可避免的影响。当两人水平相当时，一次的胜负输赢并不能说明谁优谁劣。

在记忆的比赛上，黄小龙赢了，但在他们背后的家庭教育较量上，胜负很明显，安德烈的父母更胜一筹。黄小龙的父母一定没有把庆祝失败作为家庭的文化元素。

比赛有输赢，而生活没有。因为我们没有标准去定义一个人输了或者赢了。一位家庭不幸、奔波劳累的成功企业家和一位婚姻美满、家庭和睦、朝九晚五的职员，无法比较输赢；一个现在看起来落魄潦倒的人，可能以后会出现一番奇遇，顺风顺水然后富甲一方，造福一方。仔细思考，我们会发现生活中的输赢其实根本无法量化，而放之在时间的长河里，局势的变化，人心态的改变，使得一时的输赢显得更加微不足道。如果父母一直教育孩子要做"赢"的那个人，我们的孩子可能会迷惑：在生活中做到怎样才算赢？因为找不出答案，所以他们会抢着去做那些很明显看起来像是"赢"的事情，让父母开心，比如一定要考好成绩，一定要赢得比赛。

中国人一直注重结果的原因之一源于大家都渴望"赢"，而怎么才算"赢"？看到结果的才算，过程可以忽略不计。所以很多家长让孩子们盲目地去争取一些眼前的胜利，让孩子"赢"，让孩子赢在学美术、学钢琴的起跑线

第二章 习惯于鼓励孩子尝试挫折和失败

上,让孩子抢着上奥数班、上英语班,心思都花在如何让孩子争着赢在一些比较"狭义"的、"小"的竞争上,殊不知,在孩子赢"小"的同时,他们很可能已经输了"大":因为在小学里一两次考进年级前十的成就只能让孩子父母骄傲一阵子,而心态和情商培养的失败却可能使孩子在接下来的人生中屡屡受挫,后者的影响明显要大且广得多。成绩好,表达的是孩子得到标准答案的能力强,可是生活没有标准答案。

大部分中国父母都不愿意看到孩子"输",于是不遗余力地对孩子进行"赢"的投资:天价学位房、放弃工作陪读、一家人都以孩子是瞻……孩子的输不起,其实是家长自己心里的输不起。家长们都希望孩子在呵护中成长,希望孩子的成长一帆风顺。可是家长们并没有仔细地想过一个道理,成功的经验不是教出来的,不是企图通过一两句抽象的话就能让孩子永远避免犯错;成功的经验是在失败中学习总结出来的,对和错的判断是在犯过类似的错、吃过相似的亏时才总结出来的。其实,父母对孩子吃亏的担心是最没有必要的,吃一堑,长一智,吃亏是福。一帆风顺的孩子其实很容易成长为脆弱的人。

赢未必可喜,输未必可悲。怕输的人是父母,对孩子来说,输了其实一点问题也没有,关键是要学会在输中学习,漂亮地站起来。儿时的错误成本很低,随着年龄的增长,错误成本不断增长。我们可以在内心做个简单的比较:我们希望孩子在年幼的时候付出错误成本,还是让他们在

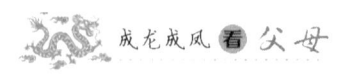

成长之后承担成人的错误成本?

孩童时期的失败是没有成本的失败,这种失败也是真正走向成功之路的基石。如果在人格世界观定型和走向社会之后再尝试失败,其后果可能是失去工作、穷困潦倒、产生忧郁症甚至对生活失去信心。中国的高校常发生学生由于考试或者感情挫折而轻生的事情。是什么原因导致一个天之骄子因为一门课的不及格而从高楼跳下去呢?原因可能多种多样,可有一点应该是共同的:他们的人生在这门不及格的科目之前,没有遭遇过更加重大的挫折,缺乏必要的挫折教育。一个顺风顺水、没有失败经验的成人,在面对第一次重大挫折的时候,才会惊慌失措、难以应对。

培养孩子庆祝失败

什么是失败?失败和成功都与目标相关,这里说的失败是指人们设立目标后经过努力而未能达到目标的事件。失败感(或者挫折感)是人们从失败的事件中引申出来的负面情绪。心理学家为人们如何克服挫折感、提高耐挫能力提出了很多方法。例如,他们建议要"正视挫折、接受挫折、疏导挫折""情绪转移、学会宣泄、摆脱压力"等。

笔者认为,要战胜失败关键是要有一个良好的心态,这种心态就是把失败看成是一个学习的机会,对孩子而言,失败是一件值得庆祝的事情。这样,孩子甚至可以在面对

第二章 习惯于鼓励孩子尝试挫折和失败

失败的时候避免"挫折感"这一负面情绪的产生,并能够把失败当成一个学习机会而产生正向情绪。失败不再代表"失去"和"被剥夺"的无助感,取而代之的是"获得"和"进步"的积极思想。

通过这一思维改变,面对失败的心态也将发生巨大转变,因为人在面对失败的时候不再是站在一个弱势的被动地位,而是成为主动争取的角色,更能够冷静客观地思考事情的始终。就如海明威所说:"生命总是令我们遍体鳞伤,但到后来,那些受伤的地方将会变成最强壮的地方。"

美国的萨拉·布雷克里(Sara Blakely)因为创办Spanx公司致富。她在创业之前是一个传真机公司的销售,在创办Spanx公司之后成为美国女性首富。她的致富之路经历了许多波折,而她把最后的成功归功于儿时她父亲的教育。这位父亲对孩子的教育很特别,从小学开始,她父亲每周都会问她和她哥哥:这周有经历过什么失败的事情吗?对父亲的这个问题,孩子都会去认真思考,再尝试回答。每当萨拉向父亲描述她经历过的一个精彩失败的过程,他父亲都会给她一个"high five",然后说"太好了,你又有过一次失败的经验,可以从中学习了!"她认为,正是父亲从小就让她熟识失败,并习惯于不着重结果,更看重努力过程的教育,让她能在失败中越挫越勇。正视失败,是她从父亲那里收到的最好礼物。

如果父母能够在孩子的幼儿时代帮助他们真正改变对失败的看法,把挫折看成是学习的机会,孩子将会受益终

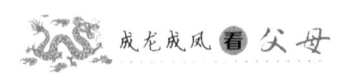

身。笔者相信,能正确面对失败的孩子长大之后将会是一个性格坚强、成熟和独立、能对自己负责的人。然而,令人惋惜的是,很大一部分中国孩子并不具备这种能力。

在中国,因为学习压力、感情挫折的高中生自杀案例层出不穷。如萧振高中高三学生大笑着冲出窗台跳楼自杀;单是温州市平阳县,2008—2014 年间就有 6 位学生自杀身亡。笔者认为,这种现状,错不在孩子而在父母,因为这些父母经常鼓励孩子努力拥抱成功,却很少告诉孩子如何正确地面对失败。

失败是伪装的机会

让孩子学会面对和庆祝失败的另外一个重要原因是失败往往可能是伪装的"机会",抓住了这个机会,拨云见雾之后,才能见到成功的彩虹。

新东方创始人俞敏洪在一次访谈中谈到自己人生中两次重大的失败对他往后的人生产生了转折性的影响。

俞敏洪的第一次失败是高考失利。俞敏洪一共参加了三次高考,在第二次高考时,英语考了 55 分,他本来可以考上北京一般的师范学校,但他却给自己定下了只上北京大学的目标。对自己的高要求和对目标的坚持,使他没有被失败击倒,而前两次的经验为他下一次备考奠定了良好的基础,他抓住自己学习英语的要点逐个击破,最终凭借着不懈的努力,考上了北京大学。

第二次失败是他留学梦想的破灭。20世纪80年代,中国出现留学热潮,然而美国局势的动荡导致美国对中国留学政策紧缩,中国赴美人数锐减,俞敏洪也不幸(或者幸运地)没去成美国,近三年半的努力付诸东流,积蓄也化为乌有。他不得不去兼课教书,凭借着对出国流程的了解和培训业务的熟练,他抓住了人生中最大一次机会:创办了北京新东方学校。而现在我们也已经看到新东方学校的成功。

由此可见,失败并不一定是一个通往深渊的无底洞,失败可能给人带来另一个看问题的角度、一种解决问题的新方式和另一个选择重新开始的机会,塞翁失马,焉知非福。英文里也有谚语"failure is a blessing in disguise"(失败是因祸得福),很多时候,没有山重水复疑无路的失败,就没有柳暗花明又一村的成功希望。失败并不可怕,只要善于发现、抓住机会,失败就会成为成功不可或缺的重要助力。

如何培养孩子正确面对失败的习惯?在孩子成长的时候,父母应该向萨拉·布雷克里的父亲学习,把失败变成一个褒义词。经常和孩子沟通,不只是正向鼓励孩子做出色的事情和行为,同时应鼓励孩子尝试失败的经历。经常询问孩子有没有失败的经历,有就庆祝,没有,可以表示"失望"。在这种环境中长大的孩子,能真正把失败看为成功之母,他们会认为挫折是暂时的,是学习的机会,成功才是必然。这些孩子以后的人生,会有自信,不会因为挫折而一蹶不振,并能够创造自己的幸福人生。

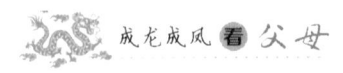

创造让孩子失败的机会

笔者建议父母可以考虑创造一些让孩子失败的机会。其中的一个方法就是常常交给孩子力所能及的任务,让他们尝试去完成这些任务,事情做好了,可以享受成功的喜悦,事情没有做好,就是孩子从失败学习的机会。孩子在学习独立的过程中,一定会碰到失败,孩子越早经历失败,就会越早学会振作。

父母可以鼓励孩子参加一些他们有兴趣,但可能不擅长的活动。例如,孩子对画画有一点兴趣,但画得不好看,班里正好有一个绘画比赛,这个时候,父母就可以鼓励孩子参加这个比赛,虽然这样会花费很多的时间而且不太可能赢得比赛,但这种经历会带给孩子面对失败的经验与能力。虽然获不了奖,但是孩子努力过,一方面,孩子了解到应该怎样画好一幅画,另一方面,孩子也得到了看到其他孩子展现才华以及看到更优秀的画作的机会,更重要的是,孩子有了一个欣赏他人天赋、认识自我局限的挫折经历。父母对孩子的培育,应该重视过程,而不是结果。鼓励孩子尝试和体验失败,是以后孩子拥有幸福人生所必须经历的过程。

有些家长可能会担忧,失败是否会打击孩子的自信心?如果孩子能把挫折看成学习的机会,孩子的自信心就不会由于失败而受到影响。下一章会谈到责任心,责任心是自信心和自尊心的根源。我们要培养有自信的孩子,关键是培养有责任心的孩子,对有责任心的孩子不断地进行正向鼓励,就能增强孩子的自信心。

为孩子提供大量和其他孩子竞争的机会,也是让孩子尝试失败的方法。因为在孩子之间的竞争中,孩子一定会有失败的经历。失败并不可怕,可怕的是因为失败而丧失了自信,影响了对一件事情的客观评价。庆祝失败的父母知道如何引导孩子面对这些失败,他们不会因为自己孩子的竞争失利去指责其他孩子,这样做只会让自己的孩子学会为了摆脱挫败感而推卸责任的方法。

要培养一个勇于探索、有创新精神的孩子,父母首先要做的就是鼓励孩子学会从失败中爬起,勇于创新的人首先一定是一个能够从容面对失败并善于从中学习的人。另外,从儿童时代,父母就应当适当放手让孩子去承担风险。父母不应该过于着重结果,而应该着眼于学习过程。父母应该告诉孩子,他们付出尝试的努力比他们是否掌握某项技能更为重要,认识到自身的不足比追求完美更加重要。善于鼓励失败的父母,将会培养出勇于创新、学习能力强、有责任心的孩子。

孩子不断有成功的失败,就必然会有失败中的成功。成功的失败,就是孩子能够从失败中得到经验教训,能从事件中学习成长的失败。众多成功的失败,必然导致从失败中得到的成功。

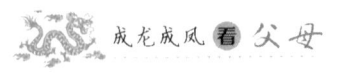

行动要点

1. 建立适合自己的家庭文化。

（1）建立一些自己的家庭价值观，这些价值观的培养首先需要父母做好表率，在日常的行为言谈中充分表达和体现出这些价值观，让孩子模仿学习。个人的修养和性情包括人格、气质和心态，这些品质将决定孩子是否从容和勇敢。

（2）建立一些属于孩子和你的小传统。这些小传统会让你和孩子的关系更加紧密和温馨。

2. 给孩子体验失败的机会。

（1）小孩子的失败成本最小，鼓励孩子多尝试失败，能够让他们从容走在人生路上，学习到从失败和跌倒中爬起来的最美姿态。

（2）帮助孩子掌握从失败中学习的技能。

3. 培养孩子的眼界和胸怀。

（1）避免给孩子关于成绩和输赢的压力。家长"输不起"的压力，不应该由孩子来负担。

（2）培养孩子的眼界和胸怀，孩子就能自主从经验中学习，并且培养出自己的独立意识。

第三章

习惯于正向鼓励，不打骂，不恐吓

正向鼓励孩子的内涵在于：孩子做好了一件事情就鼓励和表扬，做得不好尽量不要全盘否定地批评，而是通过正面引导进行修正。比如孩子写了一个字，写得不规范，一般父母可能会说，"你这个字写得真丑"，注重正面引导的父母会进行引导："你这个字，我认为还有很大的改进空间，让我告诉你这个字怎样写才更规范，才会写得更好。"在孩子面对问题、需要选择的时候，最好的正向鼓励是和孩子一起分析所面对的问题，然后让孩子自己决定。

父母和孩子的相处，需要远离打骂和恐吓。最基本的原因在于：在孩子有问题举动的时候，打骂和恐吓都不是能解决问题的方法，只会产生负面效果。本章给父母们介绍一些进行正向鼓励、远离打骂和恐吓的方法。

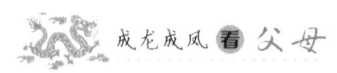

与孩子建立紧密联系，做好榜样

有效的正向鼓励必须基于父母和孩子之间的有效沟通，其效果和父母与孩子关系的连接强度相关。如前所述，孩子不会成为父母认为他们能够成为的人，孩子也往往不会成为他们觉得自己能够成为的人，孩子很可能会成为自认为父母觉得他们能够成为的人。这句话所表达的，就是沟通和理解的重要性：如果没有充分沟通，父母的期望与孩子认为父母对自己的期望往往不同。

父母和孩子的沟通方式对孩子成长有巨大影响，而沟通的效率与父母和孩子的关系强度息息相关。与孩子有良好关系和紧密连接的父母，相互之间的沟通十分顺畅，而与孩子没有紧密关系的父母，与孩子的沟通困难且容易产生误解。同时，对孩子的正向鼓励也可以借助于榜样的力量。

父母都是孩子的行为榜样，并且是孩子最可信和最值得学习的榜样。孩子都会潜移默化地向榜样学习，榜样对孩子的成长帮助巨大。注重正面引导的父母都会认真把自己作为孩子的行为榜样，并让孩子从这个榜样中得到正向和积极的反馈，这有助于培养孩子的自信心和正向的自我认知。

虎父无犬子，很大的原因是榜样的力量。父母如果希

第三章 习惯于正向鼓励，不打骂，不恐吓

望孩子成为某一种人，最好的方法是父母首先让自己成为那种人。这并不是说在要求小孩子做好某件事前，父母要首先把事情做好，毕竟父母不可能为了让孩子学习好而把中考、高考的所有科目都学完做好。这里所指的是，如果父母要求孩子具有某种品质，那么最好的方法是父母首先具备同样的品质。

希望给孩子正向鼓励的父母，首先自己要成为一个正向的人。如果父母一方面正面鼓励孩子，同时又对孩子不断批评，这就难以达到正面鼓励孩子的效果，反而会导致孩子孤傲不群的扭曲性格。如果父母希望孩子成为一个负责任的人，父母自己首先要成为一个负责任的人；父母希望小孩子和自己好好说话，自己首先也要和孩子好好说话。那些自己工作懒散、无所事事，一边打牌一边请家教，求老师补课、要求小孩子努力学习的父母往往难以如愿以偿，关键原因就是父母是孩子的榜样，父母对学习表现出来的态度体现在生活细节中，无形地影响着孩子。任老师再苦口婆心，也抵不住父母在家好吃懒做"榜样"的影响力。

笔者的一个朋友，在她上高中的时候，每当她准备做作业，她父母就会为她关上房门，准备好水果和水放在房间的桌子上，他们自己则坐在客厅读书看报。家里的电视几年都没打开过，为了不让电视发出的声音影响她的学习，她的父母也陪着她不看电视。父母不看电视的本身，就是榜样的力量。其实笔者并不完全认同这对父母的行为，因为他们把孩子的"学习"放在家庭生活的至上位置，会让

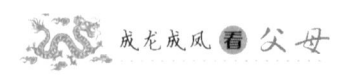

孩子感到压力和父母的牺牲，不利于孩子全方位的身心发展。但这种尽己所能给孩子做榜样的行为是值得肯定的。

这个例子只是表明孩子对学习的态度与父母的榜样力量是密不可分的。"孟母三迁"也是这个道理。做好父母的关键不在于告诉孩子应该怎么做，而是做好榜样，提供环境，让孩子成为他们所能成为的最优秀的那种人。

从改变自己开始去和孩子沟通

要做好榜样，父母就需要改变自己，注意规范自己的行为，学会用正确的方式去和家人沟通。好好和孩子说话是父母首先需要改变的地方。父母需要保证自己和孩子沟通的时候有一个平和的心态。

很多0～7岁孩子的父母处在工作、生活压力之中，一些父母没有注意把家庭生活与工作分开，无意中把工作中产生的负面情绪及各种压力带回家庭，并向家人宣泄，产生对孩子的粗暴及缺乏耐心等行为，不利于孩子的成长。这些父母需要学习如何调整情绪，控制心态，掌握如何把工作压力和面对孩子充分隔离的技巧。

如果孩子犯错了，如何与孩子沟通？一般来说，通过思考后，父母都会对孩子的错误原因有一定的自我判断，但父母还是需要和孩子沟通，去确定自己的判断是否准确。

父母不但要说出自己对问题的自我理解，还要认真聆听。通过沟通得出孩子犯错的具体原因之后，再和孩子一

第三章 习惯于正向鼓励,不打骂,不恐吓

起探讨解决问题的正确方法和行为。面对这种事情或者矛盾,你觉得应该怎么去解决它?你觉得有没有比你的行为更好的解决方法?如果孩子得不出合理的方法,父母可以给出自己的答案,并征求孩子意见,父母也可以设定一个边界,提出两种自己都可以接受的选项,让孩子自己去选择。这样,父母就成功地把孩子的错误变成帮助孩子成长的一个机会。

需要强调的一点是,父母要避免代替孩子做决定,当父母自作主张为孩子决定一切,让孩子在决策中成为一个被动接受者时,这相当于告诉孩子,遇到事情,接受父母的意见就对了,不需要自己任何的思考。习惯一旦养成,孩子长大后不会有主见,也不懂应该怎么去争取,而是会等着被"安排"。等到那时再去学习如何自主决定和选择,往往为时已晚,毕竟家长不能永远伴随孩子。

小时候父母是船,是引导孩子方向的引渡人,是给芽苗滋润的露水。而随着时日增长,当父母逐渐老去,跟不上科技前沿发展时,孩子们才真正是时代的弄潮儿,他们有朝气、有活力、有理想,只要有合适的机遇,就能在浪尖上迎风起舞,拥有无限的可能。所以孩子最需要的是父母的爱,是好的榜样,是来自父母偶尔的点拨、及时的沟通和回馈,是在他们幼小的心上点亮一盏微弱的光,而不是大包大揽。授人以鱼不如授人以渔,良好的教育是家长给孩子一辈子的礼物。

和孩子沟通"问题举动"的过程本身,难免会影响父

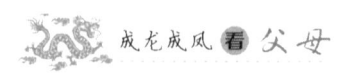

母和孩子的关系，令父母和孩子的关系变得微妙和紧张。处理问题之后，父母最重要的工作是重新建立和孩子的紧密联系，在这种情况下，父母更加要让孩子感觉到不管发生了什么，父母对孩子无条件的爱永远不变。

帮助孩子改变自己的不当行为

孩子的所有行为都是孩子学习成长和探索周边世界的尝试，也包括父母眼中的不当行为。很多孩子可能都没有意识到自己的行为不当，而对于那些在父母教导之后还一再重复的不当行为，往往是由于父母的引导和教育方法不对，以致孩子没能在过去的经验中学习如何修正自己的行为。父母需要学习正确的方法去帮助孩子自我学习，从而改变自己的不当行为。

了解孩子问题行为的根源

很多父母经常会碰到一个问题：孩子在商场吵着要买一样玩具，哭闹着赖着不愿意走。对于这种情况，很多父母的第一反应是孩子在与我们"对抗"，于是马上想到用打骂或者冷言冷语去拒绝孩子的要求和改变孩子的行为；也有些家长为了让孩子停止哭闹，选择妥协，立马满足孩子的要求，听之任之。然而，这两种方法都是不妥当的，前者会让孩子和父母之间产生沟通的隔阂，后者则会让孩子形成一种错觉，即只要自己耍赖哭闹，就能无条件得到自己想要的东西，这种思想的形成，可能导致孩子以后越来越不讲道理，为了让家长妥协，不惜做出在公共场合大声哭闹、扔东西甚至打骂家长的行为，对孩子日后的成长极为不利。那么面对这种情况，家长该怎么做呢？父母可以尝试帮助孩子使用自己的左脑，用思考和逻辑改变自己的行为。

父母不能用成人的想法思考小孩子的行为，要意识到，小孩子之所以用发脾气这样一种不成熟的方法来表达自己的情绪，是因为这时的孩子大脑还没发育成熟。小孩子发脾气不是和谁过不去，而是孩子还没学会表达自己情绪的技能。

因而，父母首先要做的是在情绪上安慰孩子，了解和认真对待孩子的情绪需求，引导孩子思考自己的行为的正确性。但也要让孩子意识到，自己这种表达情绪的方法是不恰当的。

例如，父母可以明确地告诉孩子：妈妈知道你很想要这个玩具，妈妈也觉得这个玩具很可爱，其实妈妈和你一样喜欢这个玩具。妈妈理解你想要这个玩具的心情，但你觉得在公共场合发脾气，要妈妈买这个玩具的行为对吗？父母先向孩子表达自己平静且愿意沟通的意愿，让孩子知道，父母是讲道理的、愿意商量的，想要买玩具，不需要通过"耍赖"这样的方式来达到目的。

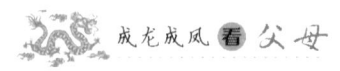

然后，父母可以举例子，唤醒孩子的同理心，让孩子站在他人的立场考虑问题。这种同理心激发的例子可以视情况来举。如果孩子有一个玩得很好的朋友，就可以问他：别的小朋友是不是每次要求买玩具的时候都要哭着鼻子向爸爸妈妈发脾气呀？

父母也可以跟孩子讲讲自己的例子，让孩子理解父母的难处：妈妈也并非总是能得到自己想得到的东西，例如在妈妈的公司，有一个办公室，两端窗户都有很美的风景，妈妈想要那个办公室，可是也得不到，为什么呢？因为妈妈在公司的职位还不够高，我们成人也一样，想要得到的东西，也常常得不到。妈妈也不会因为没有搬到那个办公室就哭闹，妈妈依然在努力工作，珍惜现在拥有的一切。通过这个经历，孩子不但能认识到自己的行为是不当的，也可从中学习到实际的生活知识。

一般来说，一旦孩子做出了发脾气的行为，父母不能让孩子得偿所愿，因为如果孩子一发脾气就可以得到自己想要的东西，就相当于告诉孩子发脾气是解决问题的一个好的方法。所以出现这种情况时，父母需要和孩子冷静沟通，让孩子知道父母理解他们的愤怒，要让心情平和下来，这么做是为了让孩子感觉到父母是理解孩子情绪的。知道他在表达愤怒，父母可以和孩子说，我知道你很想买这一件玩具，妈妈没给你买你就觉得很不甘心。可是就算是妈妈，也并非总是能得到自己想得到的东西，例如妈妈想要的办公室。你的玩具也是一样的，这个玩具太贵了，妈妈可以给你买,但买了这个以后半年内我们都没钱买新玩具了,你确定还是要这个玩具吗?要不要再想想?家里是否有类似的玩具呢?你真的这么喜欢这个玩具吗?想清楚了,我们再做决定。多问孩子几个问题,让他自己去作选择,这时作为父母也要信守承诺,若真的与孩子定下规定,就要严格执行,下次孩子再哭闹,就坚决带他离开,让孩子意识到自己的选择,并承担选择的后果。

尊重孩子,让孩子选择

当希望孩子做某件事情的时候,注重正向鼓励的父母会给孩子留有选择的余地,最大限度地保护孩子的自尊以及独立思考和选择的权利,父母应该"请求"孩子去做他们希望孩子去做的事情,而不是"命令"孩子去做那些事情(to ask, but not to tell)。充分沟通是帮助孩子建立一个健康的"自我认知"的桥梁,架起这座桥梁的关键是语言的艺术。

因为孩子对父母的语言有自己的理解,而孩子的理解往往与父母的本意不同。父母要让孩子知道自己在提建议,彼此之间是有商量余地的,避免让孩子认为你在命令他们。试着比较一下,如果父母说"请把电视机关掉",这就是一个命令不是建议,因为孩子没有进行其他选择的余地。而如果父母说"现在很晚了,你可以把电视机关掉吗?"这就是一个很正向的沟通,你提出了要求和理由,并且孩子如

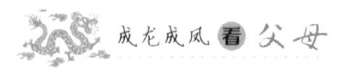

果有充分的理由能说服你,他是可以选择继续看电视的。教育不是命令与服从,而是沟通与学习。父母应该学会和孩子沟通,学会说服孩子,而不是命令和强制。

帮助孩子脱离负面潜意识

孩子出现的淘气、不讲理等问题行为往往都与孩子过去不愉快的记忆有关。当耐心和气的沟通不能解决孩子的问题时,父母可能还需要理解孩子问题行为的可能诱因。人的记忆是通过关联进行连接,而不是像计算机能一下全部储存。小孩子在记忆的时候,脑神经神经元之间会产生微弱的电流,然后记忆才能连接在一起。所以,小孩子在遇到类似的经历时,会从过去连接的神经元里得到储存的记忆。

不管是小孩子还是成人,记忆都不一定准确,因为记忆本质上只是一些连接的神经元,不可能像计算机的存储一样做到万无一失。模糊而不准确的记忆很可能诱导我们产生对特定对象的错误印象或感觉。现在回到孩子的问题举动上,如果小孩子做出了一些不合常理的决定,有可能是因为过去孩子的经历使小孩子产生了很大的反感和恐惧,导致小孩子做出反常的举动来防止类似经历的再次发生。

下面举一个笔者朋友儿子明仔的例子。明仔一直很喜欢喝粥,常常家里吃饭都会炖一锅粥。有一天,一家人照旧给明仔煮了粥,明仔却怎么都不肯喝,爸爸怕他饿了强

第三章 习惯于正向鼓励,不打骂,不恐吓

迫他喝粥,明仔居然大哭大闹起来。当时笔者在他们家做客,朋友看到孩子的表现很生气,就想去吼孩子,被笔者劝下了。笔者相信事出必有因,明仔突然不喜欢喝粥,肯定有他的理由。笔者让朋友先不要激动,然后和他一起问出了明仔不喜欢喝粥的理由。原来是因为明仔太喜欢喝粥,前两天在家里喝海鲜粥的时候喝多了,也可能是海鲜不太新鲜,最后闹肚子,还吐了一场,现在看到粥就想起肚子胀痛和呕吐的恶心感,导致产生了对粥的恐惧。这位爸爸恍然大悟,知道自己错怪了儿子。

如果父母对人大脑的记忆有正确的理解,就能更好地处理一些父母眼中孩子不理智的行为。比如刚刚明仔喝粥的事情,孩子在潜意识里把粥和肚痛、呕吐联系在一起,大脑在感受到相同的事件(喝粥)的时候,认为呕吐的行为会再次发生,所以有抗拒的反应。只有了解到孩子异常的背后原因,父母才能对症下药,解决问题。

如果事件中这位爸爸没有问清楚原因就责骂孩子,只会在无形中加深孩子对粥的恐惧,百害而无一利。对于这种情况,父母需要循循善诱,引导孩子关于粥的好的联想,在孩子的大脑不再有过激反应后,再和孩子解释,呕吐和粥没有必然的因果关系,无论吃任何东西,只要过量或者品质不好都会引起肚子不适。而且粥通常都是鲜美可口的,只要注意别贪吃,就不会坏肚子。通过把孩子的美好记忆唤醒,鼓励他再次尝试喝粥,借此将孩子的喝粥危机解决,同时教育了孩子如何克服内心的恐惧和了解人脑工作的一

些常识。另外，父母也不要急于求成，要给孩子时间，等过一段时间小孩的恐惧淡薄了，再慢慢鼓励孩子重新喝粥。

上面说的是如何对待孩子负面记忆的方法，用同样的道理，父母也可以通过让孩子对事情与美好记忆产生关联的方法，去引起孩子的兴趣与热情。例如，父母可以通过让孩子对学习的经历有一个好的记忆，从而引起他学习的热情，比如学习数学。如果孩子受到的总是批评、责骂，孩子就会把这种负面反馈和数学这门学科联系在一起。下次他再学习这门学科的时候可能就更加倾向于厌学、逃避的态度。所以，如果父母希望孩子成为一个认真好学的人，就需要充分利用这种机制，对孩子多进行正向鼓励，使孩子对学习产生更浓厚的兴趣，增强自信心。美国心理学家威廉·杰姆斯曾说过："人性最深处的需要是渴望别人的赞赏，这是人类有别于动物的地方。"这对孩子尤为重要。

明仔的问题和恐惧源于本书第一章提到的两种记忆：一种是潜意识的，就是虽然记忆形成了，但你并没有意识到；还有一种是自己能清晰认识到的记忆。大多数时候，潜意识记忆都是与积极正面的情感联系在一起的，因为人都倾向于记住开心的经历，而那些不开心的经历都会被人们刻意忘却或者逃避。如果人们能做到这点就万事大吉，不尽人意的是，很多负面的潜意识还留存在人的脑海里。

明仔的例子就是一个负面潜意识记忆的例子。负面的潜意识很可能会不经意地诱导孩子做出不理智的行为。帮助孩子克服负面潜意识的最好办法是帮助孩子将这种潜意识里不好的记忆转变成有意识的记忆。实现的方法可以是沟通和回忆。在把潜意识的经历变成有意识之后,父母就可以将它拿出来和孩子一起分析、沟通,并最大限度地去掉其负面影响。

在第一章中提到过,复述是连接左脑和右脑的一种有效方法,同时这个方法也是将潜意识的记忆和现在的记忆联系在一起的方法。因为人们都会倾向于把那些很痛苦或者不舒服的经历隐藏在潜意识里,孩子亦然。这时父母就需要引导孩子,让孩子把这些经历作为一个故事讲出来,通过这个过程,潜意识的经历会变成有意识的记忆,然后通过和孩子一起用逻辑分析加工处理这段不愉快的经历,让孩子客观地了解事情的本质,去克服这一负面潜意识的不良影响。

正向鼓励,帮助孩子建立健康的自我意识

自我意识影响孩子的一生。父母需要让孩子建立一个健康的自我意识,而正向的自我意识正是在不断的正向鼓励中得到的。很多父母觉得要依靠指证孩子的错误才能更好地教育孩子,他们认为只有在孩子认识错误的前提下,才会成长。可是,若家长过分地关注错误,孩子会建立负面的自我意识。笔者的很多学生都会说:"我不懂数学""我不喜欢数学""数学是我认为最难的学科"。这些往往

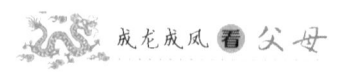

是班里成绩靠后的学生。如果在你做一件事情之前告诉自己，我是不可能把事情做好的，那你把事情做好的可能性就不高。相反，如果我们让孩子在自己的强项上找到成功的喜悦，孩子将会成长为一个有信心的人。

正向鼓励的表达方式

注重于正向鼓励的父母对孩子的态度应该是常沟通、多理解、少批评、少保护；多启发、多关爱。注重于批评和保护的父母往往会让孩子成长为不负责的人，因为父母的批评会让孩子失去自信心，而受到过度保护的孩子不会承担责任。常沟通、多理解、多关爱有利于父母和孩子之间建立紧密联系，建立帮助孩子成长的坚实基础。

父母在和孩子沟通的时候要注意语言表达技巧，因为语言的表达方式也会传递出不同的信息。例如，当孩子面对一个难以取舍的问题而寻求父母帮助，但父母决定让孩子自我思考然后自己决定，父母的不同语言表达会传达不同的态度。正向鼓励的父母会说："这件事情你自己可以决定的，爸妈支持你的决定！"而如下的回答就传递了负面的信息："你真的想清楚了吗？我再给你一次机会来决定这件事情。"

正向沟通要求沟通技巧，举个例子，笔者曾经看到一个妈妈把孩子放到托儿所的时候，孩子看到妈妈要离开便哭了，妈妈把孩子抱起来说：乖孩子不要哭。安慰了一下孩子就离开了。这是一个很正常的帮助孩子平复激动情绪的举措。但其实，父母可以做得更好。注重正向鼓励和有很高沟通技巧的妈妈会说："妈妈的离开让你伤感，你可以哭的，哭完就和其他孩子玩吧，放学的时候妈妈再来接你回家。"这样去沟通，让孩子知道你是理解他感受的，同时又正面鼓励了孩子去表达情感并克服负面情绪。

远离恐吓孩子

有些中国父母教育孩子的时候，常常使用恐吓的方法。例如，他们会说：你不听话，警察叔叔来抓你了。在孩子哭闹不睡觉的时候，有些父母就会说：你再哭，狼外婆今晚会来把你带走。或者，在孩子不吃饭的时候，有些家长也会说：你再不乖乖吃饭，我就打你啦。这是最简单直接也是最笨的办法。它或许会马上改变孩子的行为，让孩子做出家长希望他们做的事情，可是，恐吓不是让孩子养成好习惯的方法，因为孩子回应恐吓的是下脑，孩子改变行为的原因是本能自我保护的反应。在孩子用下脑反应的时候，逻辑与思考都难以参与其中，因而，孩子不仅不会在被恐吓的事件中学习到经验，还可能造成心理阴影。

可能有家长会说，孩子经验学习不重要，他们听话就好。这里和大家分享一段笔者的经历。笔者的一个亲戚曾经带一对十分美丽可爱的双胞胎到笔者家里做客。这对双胞胎刚过2岁，十分活泼好动。可能父母过去没有有效地

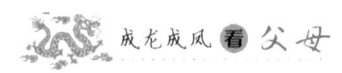

给孩子的行为规划边界,孩子完全不知道什么行为是可以接受的,什么行为是不被允许的。在吃饭的时候,两个小女孩都要站着才肯吃,而且坚持用手拿饭菜。孩子的父亲就用各种不同的方法去恐吓孩子,让孩子坐在椅子上用汤匙吃饭。由于这些恐吓,孩子们最后还是坐下来吃完了饭。晚上睡觉的时候,两个孩子都做了噩梦,并在睡梦中说:不要爸爸!对孩子的恐吓虽然强行改变了她们的行为,但是她们肯定没有理解父亲行为的意义,由此还容易产生埋怨和恼怒,损害父母和孩子的感情,给孩子的心灵留下阴影。

绝不体罚孩子

体罚是恐吓的升级。体罚有着恐吓的所有缺点,并把这些负面影响加倍。有些家长认为体罚是让孩子记住做错事情而得到教训的方法。虽然体罚可能改变孩子的行为,但是,和恐吓一样,体罚所引起的是孩子下脑的本能反应,孩子不会思考自己行为的对错,也不会从经历中举一反三。体罚孩子的父母可能没有意识到,体罚最大的副作用是不但让孩子认为暴力是可以接受的,而且是一个解决问题的方法。

有研究指出,很多成年罪犯都有在孩提时代被虐待和体罚的经历。如果孩子认为暴力是解决问题的可选方法,并且对暴力惩罚司空见惯,那么,长大后,他们可能也会用暴力去解决自己面对的问题。国外有很多心理实验都已证实,幼年有体罚经历的孩子,长大后也容易体罚自己的孩子,造成家暴问题的恶性循环。

体罚是驯兽的方法,当驯兽师训练狮子的时候,驯兽师就会对狮子进行体罚,让狮子遵循人类的命令,这是因为人和狮子不能沟通。如果父母认为自己要像驯兽师那样教育孩子,那么只能说明他其实不愿意花时间和心思与孩子一起解决他们之间遇到的问题,只会用简单粗暴的方式强迫孩子接受自己的意志,让孩子迅速服从。同时,这样的父母也没有尊重自己的孩子。试想一下,如果一位家长教育孩子的方式与驯兽师训练狮子并无区别,那家长又如何能期望自己的孩子成才,找到自己的幸福人生呢?其实,父母有比体罚更加有效的让孩子从错误中学习成长的方法。

着重于纠正错误,而非惩罚孩子

当孩子犯错之后,父母首先应该想到的是如何让孩子纠正错误并从错误中学习,而不是惩罚。原因是我们要让孩子成为一个友好、有能力、健康和能对社会做出贡献的人。在受到惩罚时,孩子很难去反省自己的过错,而会更在意那些惩罚会带给他什么样的痛苦。结果是,孩子将会变得情绪化和产生恐惧感,孩子的右脑和下脑将会成为主导。我们都知道这种状态下的孩子难以用逻辑去思考,因而孩子不会去反省错误的原因以及下次怎样做才不会去犯同样的错误。惩罚有可能改变孩子的行为，可是无法让孩子明白错误的根源。

父母的正确行动应该是首先思考孩子犯错举动背后的原因，和孩子一起探讨这些错误行为的内外因。父母要认识到，孩子的好坏举动，其实都是他自己本能需求的释放和内在感情的表现，父母需要弄清楚孩子的行为是希望告诉父母什么。

因此，在孩子犯错之后，父母要积极和孩子沟通，去理解孩子的行为动机，和孩子一起去思考，帮助他们找出错误的原因和避免下次犯错的方法，而不是想着让孩子为自己的失误付出代价。孩子不一定要付出代价才会学习。人不是在逆境中才能成长，善于学习的人，可以自主去发掘生活中值得学习的方方面面，并从中获得经验。在良好的氛围中，父母的鼓励和教诲同样能让孩子学到很多，并且这种学习成长是正向的，更能激发孩子主动且积极学习的行为。每次孩子犯错，都是孩子学习、提高的机会，也是父母和孩子增进了解和建立更深层次联系的机会，父母要珍惜这样的机会。

值得一提的是，孩子们由于还不能很好地控制自己情绪的表达，父母对孩子的说教需要找到恰当的时机。当事情刚发生，孩子在气头上，行为由右脑控制，情绪波动很大，不具备反省的能力时，再有道理的意见孩子也难以听取。长篇大论的说辞反而可能变成孩子眼中的"啰嗦""喋喋不休""强词夺理"，得不偿失。父母需要等待合适的时机再和孩子沟通,在孩子受情绪主导的时候,父母的首要任务是让孩子自然放松心情。

放松心情有很多方法,其中的一种是让孩子做适当的身体活动。大脑指挥身体,而身体也会给大脑进行反馈。当孩子在生气或发怒时,他的右脑占据了主导地位,如果他一时很难收敛自己的脾气,父母不要操之过急和孩子硬杠,而是通过适当指导孩子的身体活动,分散他们的注意力,让身体上的放松去调节他们大脑内紧张的情绪,如进行深呼吸,或者带孩子去散步看风景,慢跑让身体出汗感到放松,身体的感受会变成精神的愉悦,从而帮助平复心情,让孩子的行为不再由右脑主导,帮助左脑对孩子的行为产生影响,让逻辑和道理成为主导,让孩子在事件中学习成长。

改变孩子行为三个方法的比较

归纳起来,要让孩子改变行为或者去做某件事情,父母往往有三个选择。第一是通过沟通让孩子思考后觉得父母说的"在理";第二是给孩子不同的选项,鼓励孩子思考和选择,让孩子自己决定去做某一件事情;最后是通过恐吓、威胁、打骂等方法让孩子运用下脑的本能,去服从父母的指令。

相较之下,第一、二种方法能帮孩子发展自己的上脑,而第三种方法只会让孩子本来就过分活跃的下脑更加活跃，不利于未来的成长。事实上，恐吓、威胁不仅仅会产生过分激活下脑这一个后果，其也会对孩子的上脑产生深刻的影响。"如果你……那么就……"是父母需要避免的句式。例如，"如果你不那样做的话，妈妈就不要你了""如果你一会儿不好好吃饭，以后什么都不给你"等都是威胁语句，这些话语会让孩子产生严重的不安全感，都是父母需要规避的语句。

对于这些威胁，如果孩子万事顺从，他们会变得顺从懦弱，随时害怕失去父母的爱，阻碍父母与孩子建立亲密关系。如果孩子反抗，孩子的言语可能会变得激烈暴躁，在孩子长大之后，他们也可能会用这种威胁的方式对待父母和其他人。父母应该采用的是第二种方法，如果是孩子自己决定去做一件事情，他们就会有自然的拥有感（ownership），并会想方设法去把事情做好。

学会完全接受孩子

大部分父母都知道恐吓和打骂对孩子的成长没有好处，那么为什么家长们还是乐此不疲呢？对孩子的打骂和惩罚大部分起源于孩子没有遵从父母的行为标准，而不完全是因为孩子做错了什么事情。潜意识中，父母都会认为自己对孩子有绝对的权威，如果孩子不遵循自己的指导，就是对自己权威的挑战，保护自己权威的一种方法就是体罚孩子。这种把孩子的关系与"权力斗争"联系起来的行为,其实十分自私。这些父母没有把孩子作为完整的个体去完全接受孩子,而是把孩子作为自己的附属。

只有在完全接受孩子的前提下,父母才会知道如何正面鼓励孩子。在孩子做了正确的事情后,不吝褒奖之辞,让孩子的大脑产生大量多巴胺,得到做正确事情的快感,并从中得到要重复做这一正确事情的记忆。在孩子需要指导的时候,父母提供选择让孩子自己去决定。提供选择的一个最大好处是在孩子决定之前需要思考,而思考锻炼他们的左脑,令左右脑得到均衡发展。

我们说了很多正向鼓励孩子的方法及理解孩子的感情和行为的方法,但与此同时,我们也需要教育孩子建立良好的生活结构和习惯;例如早午晚需要做什么事情的惯例。同时我们要建立孩子的行为边界。如果孩子行为出界,也要让孩子承受出界行为的责任与后果,但是这些责任和后果一定不能包括辱骂和体罚。

行动要点

1. 正人先正己。父母要规范自己的行为,做孩子的好榜样,与孩子一起取得进步。
2. 孩子做了正确的事情之后,习惯于褒奖和鼓励。
3. 把对孩子不体罚、不恐吓作为行为准则,凡事首先

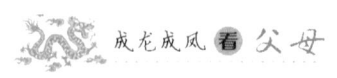

想到要与孩子进行沟通和交流。

4. 当孩子以情绪主导，发脾气，做错事情的时候，按如下步骤处理：

（1）思考孩子行为的原因。

（2）告诉孩子你知道孩子现在的感受（例如和孩子说："我理解你现在心情不好，等你心情好的时候，我们再沟通吧！"）。

（3）尝试用你的右脑和孩子的右脑连接，了解孩子情绪化的原因，同时尝试让孩子描述他的感受和原因（例如和孩子说："你可以告诉我你现在的感受吗？你为什么有这些感受呢？"）。

（4）告诉孩子你理解他的感受，让孩子知道在他被情绪主导的时候，你们难以沟通，帮助孩子平复情绪。

（5）在孩子平和的状态下，让孩子思考怎样才能不让情绪主导自己的行为，去做正确的事情。

5. 当你希望孩子去做一件事情的时候，避免用命令的方式，而是给孩子提供两个你都可以接受的选择，让孩子去决定。

6. 为孩子明确行为边界，并帮助其养成良好的行为习惯。

第四章

习惯于鼓励独立精神

——从小开始鼓励孩子做力所能及的事情和决定，帮助他人并勇于承担责任

什么是孩子的独立精神？首先，父母要承认孩子是独立的个体，而不是父母的附属品。孩子有自己的人格、性格、特点和作为个体存在的权利。孩子的独立精神就是孩子的自我思考能力，能够做出合适的决定，做力所能及的事情，并对自己的决定和行为负责。鼓励独立精神并非鼓励孩子不爱父母、不尊重父母或者不再感恩。孩子的独立过程体现在父母为孩子做的越来越少，孩子自己做的越来越多，并承担起相关的责任。

正如冰心所说："让孩子像野花一样自然生长，要尊重儿童的天性和选择。"

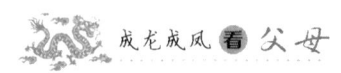

孩子是天生的探索者,父母要尽可能为孩子创造探索的空间。这一点,笔者非常欣赏演员黄磊对于女儿黄多多的教育,他非常尊重女儿的天性,从不强迫她去做什么,而是先问孩子自己喜欢做什么。

不要把自己的期望强加给孩子

有些父母对孩子有很高的期望,而且会将这种期望强加给孩子。有些朋友也常会互相提问一个类似问题:你希望孩子以后成为一个怎样的人,做怎样的事业?笔者认为这种问题无益于孩子的成长。当你要求孩子成为某一种人、做某一样事业的时候,其实你并不是在关注孩子本身,而是认为孩子还不够好,还需要不断地变得你认为的更好。这种想法并不利于孩子建立一个好的自信心,也可能束缚了孩子真正的才华。这样的期望剥夺了孩子自我发现、自我选择的自由。

笔者有一个朋友,他在哄孩子睡觉的时候会说:晚安,我真为你骄傲。女儿会问:为什么呢?这位朋友回答:因为你有勇气做你自己!做真正的自己需要勇气,试想一下,又有多少成人能有足够的勇气做真正的自己?有勇气做自己的人,一定有自信,知道自己在社会上的地位,而且对这样的地位心安理得。父母应该尊重孩子,让他们有勇气做回自己,那样孩子才能成为他们能够成为的人,他们想成为的人，而不是父母想他们成为的人，这对孩子未来的独立、自信、创造力、幸福指数都有很大的帮助。

黄磊在给女儿的一封信《选择一种喜欢的方式活下去》中写道，他希望女儿做喜欢的事、与喜欢的人相处、以喜欢的方式过一生，不必力争成为少数，平凡而简单就好。

黄磊认为："幸福就是选择一种你们喜欢的方式活下去。"笔者十分同意这一观点。事实上，如果孩子可以做他自己喜欢的事情，并为之努力，便很可能收获幸福与成功。

笔者曾读过一个人物故事：小说家吴必安从小就对神话故事和写作很感兴趣，由于分数不够，最后只能凭借自己的一副好身板，考取了体育专业。但在学体育的前三年里，他几乎足不出户，不断写作，即使分文未赚，受到了很多家里人和同学的劝阻甚至是非议，但他没有放弃坚持创作，终于在大四时赚得第一笔 3000 元稿酬，并且在 5 年内获得了过百万的稿费收入。

其实无论是谁，你能做得最好的事情，往往就是你最喜欢做的事。

不要求孩子的"乖"和"听话"

中国父母对孩子有两句常用语："你要乖""你要听话"。乖和听话变成了中国父母评判好孩子的标准。笔者建议那些希望培养有独立精神和创造力孩子的父母抛弃这种语言和标准。乖的含义是顺从和听话，要孩子乖和听话就

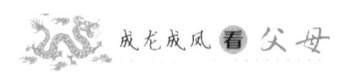

是鼓励孩子不要自己思考,这与我们教育孩子成为独立和能为社会做出贡献的人的目标相违背。

独立精神有助于孩子建立健康的自我概念

研究表明,一个孩子到5岁的时候就会有一个很强的自我概念,这一自我概念在5岁之后就难以改变。对于父母而言,前5年是帮助孩子建立健康自我概念的黄金时期。有健康自我概念的孩子有信心,觉得自己是及格的、是可以对自己的行为做决定的,父母都是爱他的,父母爱他是因为孩子的本身,而不是因为孩子的行为达到了父母亲的要求和期望。

自我概念引导着孩子行为的方方面面,要培养良好的自我概念,其核心是培养孩子成为一个对自己有正确认知、对自己有信心且对自己的行为有担当、有责任心的人。如果孩子从小习惯于做决定,对自己的行为有信心,从很多小事中培养出做决定的能力、信心和习惯,再加上责任心与担当,那就奠定了领导力的基础。

从小习惯做决定的孩子在以后面对重大问题的时候,也将会有勇气和能力做出正确合适的决定。当然,要做出正确的决定,还需要有好的逻辑思维作为基础,需要有对事物分析得出选项并从中进行选择的能力,也需要有好的情商,用第六感去帮助感觉对错。

孩子自己做决定也可以帮助他们形成健康的自我意识,

让他们不会觉得自己的想法常常是错误的,父母对他们并不总是批评的态度。有一句话是这样说的:我们需要对孩子有不批评、不保护的态度。"不批评"的含义是我们不去批评孩子的决定,而"不保护"是在孩子犯错之后不保护孩子,而是让孩子从自己决定的结果中去学习。通过这种方法成长的孩子会变得更有责任心。如果父母批评孩子的决定,而在孩子犯错之后又单方面去保护孩子,让他们认为错误的发生与他们无关,逐渐地孩子就学会了推卸责任,成长为一个缺乏责任感的人。

多让孩子自己做决定并承担后果

要孩子从小学习如何做决定,并勇于承担错误带来的后果,家长可以从小事出发。例如,今天天气变冷,比起简单地告诉孩子"你今天应该多穿点出门",家长可以把这一事件作为培养孩子独立思考的机会,可以对孩子循循善诱:今天天气变冷了,你要加件衣服吗?如果孩子的回答是不需要,那么,父母可以继续问孩子,你穿这么少出门,会不会有什么不好的后果?孩子会思考这个问题。他的回答很可能是:生病。同时孩子脑海里很可能已经想起上次生病的不愉快经历。如果孩子不愿意生病,那么他很可能会去选择穿那件厚的夹克。如果孩子还是固执地"要风度不要温度",父母也应该尊重孩子的选择。虽然结果可能是

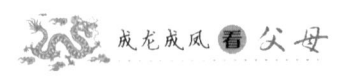

孩子因此生病，但是，孩子也会学习到人生的重要一课：生活有很多选择，每种选择都有不同的后果，不管好坏，我们都要接受我们决定的后果。

我们没有去告诉孩子该怎么做，而是让孩子从他们选择的后果中去学习成长。在西方国家，常看到小孩子在风雪天穿着很薄的衣服上学，妈妈还高高兴兴地和孩子说再见，看着孩子上校车。笔者曾经很不理解这样的父母，现在才明白那些父母是在尊重孩子的决定：孩子的冷暖，他们自己知道，让孩子在经历中学习。

父母要尽量让孩子自己思考，并从小就习惯于做一些简单的决定，这种习惯可以让孩子觉得自我存在的重要，让他们能够掌握自己的生活，从而增强自信心。这样，孩子的独立精神也会慢慢建立起来。

让孩子习惯于动手做事

培养独立精神的一个方法是让孩子习惯于动手做事。中国坊间有一个古老的说法，常动手的孩子都比较聪明。为什么呢？手的活动来自于大脑的指令，从小动手，强化了大脑和手的联系，也刺激了大脑神经元的相互连接。从小学习钢琴的孩子的左右脑发展都比较均衡的原因就在于钢琴的演奏要求左右手同时动作和配合，也就促进了左右脑的发展。另外，动手也是学习技能的过程，习惯于自己动手的孩子能够在动手的过程中自发地学到基本的技能，

第四章 习惯于鼓励独立精神

并且这种技能比家长教的记忆更深刻。

我们处在一个竞争的社会,小孩子生来就有竞争的本能。竞争需要自信,自信来源于生活的点点滴滴。当孩子由于好奇,想尝试洗碗,父母却第一时间说"你不要洗,你会把碗打烂的",或者说"别洗了,你洗不干净的",父母出于结果考虑的劝阻,却忽视了孩子探索的诉求。而注意培养孩子动手能力和自信心的父母可能会对孩子说:"帮忙洗碗的行为很好,值得表扬。碗要洗干净的话,可以这样洗……"用这样的方法,父母传递了一个信息:孩子,你是可以的,但是你要学习一些方法。孩子也得到了一个学习动手的实习机会。技能和信心就在孩子玩耍和日常小事中培养出来。

中国很多父母都有一个误区:条件允许的话,让孩子多念书,家务请保姆或者自己去做,不能因为家务事耽误了孩子的"读书大业"。笔者观察过的中国家庭有一个共性,条件好的家庭让孩子自己动手做家务的很少。这样的结果是,中国很多中产阶级家庭的孩子缺乏在家里动手学习的机会,其实也就失去了锻炼孩子全面能力的机会。其实父母自己也应该常动手做家务,为孩子做一个实践的榜样。通过让孩子去尝试不同的事情,让孩子在实践中积累经验,获取教训,让他们掌握足够的技能,有信心去面对竞争。

另外,学会动手是培养孩子创造力的重要因素,动眼不动手是不能提高创造力的,动手是创造力的源泉。1～7岁是挖掘孩子创造力潜能的黄金时间,这段时间以后,孩子的创造力水平就基本定型了，很难再培养起来。因为这段时间孩子的大脑在快速发展，创造力和兴趣大部分在这段时间形成。所以说，1～7岁不是学习知识的时候，而是多动手探索，从而培养创造力的黄金年龄。让小孩子多动手其实很简单。在幼儿时期，父母可以多买一些可以动手的玩具，如小孩玩的积木、拼图；等孩子大一点了，父母可以在家里留一个角落，放满乐高，或者简单机械玩具等孩子感兴趣的东西，让孩子去装卸和探索。此外，大人要对小孩子的兴趣进行激励，鼓励孩子动手尝试。

笔者曾经注意比较中美两国的孩子在饭后是否会主动把自己的碗筷拿到厨房，结果十分有趣。在大城市生活的中国孩子在饭后会主动把自己的碗筷拿到厨房的保守估计不到10%，而在美国，95%以上的孩子会那样做。从在饭后主动把碗筷拿到厨房这件小事中，可以看出中美家长在培养孩子动手和去做自己力所能及事情上的差异。美国的文化是，能自己做的事情尽量自己做；而中国的文化是，如果别人能帮我做的事情，尽量让别人帮我去做：家里没有保姆的，收拾饭桌好像应该都是妈妈的事情，家里有条件请保姆的，把碗筷拿到厨房是保姆的责任。孩子为什么要去做那些好像无足轻重的事情？鼓励孩子去做那些好像并不需要他们去做的事情的原因有两个：让孩子多动手和培养孩子的责任心。

在美国十分成功的销售与家庭装修项目相关的连锁店"Home Depot"进入中国之后铩羽而归，笔者总结的原因

第四章 习惯于鼓励独立精神

是:美国的文化是"有事情,我们自己去做",而中国的文化是"有事情,你帮我去做"。以"自己动手"作为商业模式的公司,进入中国后以失败告终,也就不足为奇了。

大部分西方中产家庭都会要求孩子负担一定的家务,例如洗碗、打扫房子卫生、清理垃圾和每周把垃圾拿到户外回收。他们往往对孩子完成的每一个任务都给予一定金钱奖励,做一件事情就可以得到相关的回报。孩子可以自己选择愿意做的工作,有些父母也会进行工作分配。在分配之后,孩子之间也可以相互交易。基本的原则是:孩子在家里有工作,工作有报酬;工作做得不好,报酬会受影响(扣工资)。

西方家庭的这种习惯让孩子从小开始做自己力所能及的事情,了解金钱的功能和作用,并习惯于对工作的结果承担责任,这样有助于孩子建立独立精神和健康的自我概念。从小到大自己动手做事的习惯,如细雨润物,造就了一代代人的独立精神、创作力和责任心。

著名的 NBA 达拉斯小牛的老板马克(Mark Cuban)是一个从小就注重动手,并不断把握机会而成功的例子。马克出生在美国匹兹堡市一个犹太人工薪家庭。他从帮助父亲做家里的事情开始,从小就喜欢自己动手做事。在他 12 岁的时候第一次接触商业,那一年,他想购买一双昂贵的篮球鞋,可是没有足够的钱。他没有开口向父母要,而是找了一份卖垃圾袋的工作赚钱,从而买到了那双鞋子。在他 16 岁那年,《匹兹堡邮报》的当地印刷厂罢工,马克抓

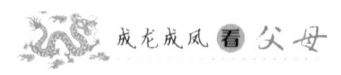

住机会，把报纸在临近一个城市印好，再运回匹兹堡销售而大赚了一笔。试想一下，如果马克只会在家里不断读书做习题，他是很难有今天的成功的。

有一些在美国的中国父母在培养孩子独立能力上也做得不好，笔者一个好朋友的儿子，学习很好，考进了加州理工大学。在第一学期结束的时候，妈妈收到了儿子的一个求助电话，因为他不知道如何叫一辆出租车从学校去机场。妈妈虽然身在几千公里之外，却也只好无奈地帮他叫了一辆出租车，让他可以到达机场。这样一个中国家庭，不管培育的孩子在学习上表现得如何优秀，但在基本生活技能方面，父母做得很不成功。他们没有关注培养孩子的独立精神和技能，但孩子迟早都要独立在社会上生活，如果孩子连自己问路、自己打车这种基本技能都无法好好掌握，如何面对以后生活和工作中多重的压力和挑战呢？家长的包办和宠溺是无益于孩子成长的。

这个故事告诉我们：其实生活能力、生存能力对孩子也十分重要，可以说，这比学习成绩好还重要。特别是当孩子孤身在外时，独立生活的能力将是幸福生活的基础。有很多家长认为孩子只要读好书就行了，其他的事情都有父母帮忙操心，他们认为替孩子操心，是为孩子省时省力。而往往事与愿违，这样的父母正一步步地将孩子培养成一个"巨婴"：无论学习有多好，如果孩子生活能力低下，不懂得为自己规划，对未来丧失主动性，不但难有幸福生活，也将难以在职场成功。

第四章 习惯于鼓励独立精神

让孩子学会帮助他人

健康人生很重要的一部分在于关注和帮助他人,所以,父母需要帮助孩子学习帮助他人。因为帮助他人,让别人得到快乐,也能让自己由衷地感到快乐。在中国文字里,"人"字是由一撇一捺构架起来的,说明人要"立"住脚,不能缺少别人的帮助。

人是一种社会性动物,需要在群体中寻找认同和归属感。当遭遇了挫折,我们会渴求他人的关心和帮助。你帮助他人渡过难关、解决问题的同时,不仅精神得到抚慰,你也履行了一份对他人、对社会的责任,增强了自我成就感。我们通过帮助他人获得的幸福感,使自我价值得到肯定和升华,这样的幸福感相比于其他幸福感,可能来得更为强烈。

盲人点灯,不是为了照亮自己的路,而是为了让其他行人看清的同时也不会把自己撞倒,予人方便的同时,也予己方便。所谓赠人玫瑰,手有余香。给予别人帮助的同时,我们也能收获快乐,在我们自己遭遇困难的时候,他人也一定不会吝啬自己的力量。

这些道理,父母需要在孩子成长的时候就进行传授,要以身作则,发挥榜样的作用。帮助他人可以是父母和孩子交流的话题,可以有碰撞,可以有争议,才可以对这一价值观有更深刻的理解。

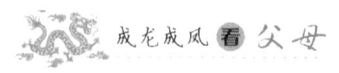

注意培养孩子的责任心

责任心与担当是孩子以后事业成功的关键素质,但很多中国父母都忽视了培养孩子这方面的素质,有些父母还会无意中鼓励孩子不负责任的行为。笔者曾经看到一些父母在孩子摔倒之后,赶快跑过去把孩子扶起来,如果孩子哭了,还会责怪绊倒孩子的桌椅。这种行为的不当之处在于给孩子传递了一个错误信息,你是不需要对自己的行为负责的,你的错误,在于其他的客观原因。

西方有一句谚语:责任心不能被教育出来,而是必须在实践中得到(Responsibility can't be taught; it must be caught)。想要孩子有责任心,我们就必须提供需要孩子负责任的机会。让孩子自己做决定是父母培养孩子责任心的机会。因为有决定,就会有后果,家长在鼓励孩子做决定的同时还要教育孩子勇于承担自己决定所产生后果的责任,教育孩子不仅要善谋、善断,更重要的是善担,担当的"担"。

可以这样说,我们现在严重缺乏那些有足够的责任心去承担自己决定的后果的年轻人。笔者在一家中国公司任职多年,遗憾地说,没有过一次员工做错事情之后站起来主动承担责任的经历。其实领导都希望员工有担当。担当需要勇气,这种勇气在孩提时代就需要培养。父母面对孩子的决定，无论对错都应该鼓励孩子去尝试。结果出来是好的，那就要表扬，错了也没关系，正如第二章所言，要鼓励孩子犯错，承担失败的结果，错误也是孩子很好的学习过程。当父母正视孩子犯错的时候，错误便失去了打击孩子的功效。常做决定并能为自己的决定承担后果的孩子，会为形成一个好的自我概念打下良好的基础。

培养责任心的最好方法是言传身教，教育家陶行知说过："我要儿子自立立人，我自己就得自立立人；我要儿子自助助人，我自己就得自助助人。"父母是子女的第一启蒙老师，生活的各个细节都让孩子在模仿学习，父母对孩子不负责、对家庭不负责，孩子便无从知晓一个负责任的人应该怎么做事、做人，他们又怎么可能自己成长为负责任的人呢？

在做好自己的同时，家长要鼓励孩子自己的事情自己做，并主动帮助朋友和其他家庭成员分担一些责任，因为这是给孩子一个模仿家长"负责任"榜样的绝佳行动机会，在实践中孩子更能体会到负责任的收获及其带来的成就感。当孩子开始负担起责任，无论责任的大小，家长都要给予适当的表扬和肯定，引导孩子继续承担责任，锻炼能力。同时，家长也应该时刻关注孩子，做事情要有始有终，教导他们"对他人负责，对事情负责"，做事不能只因为好奇，不能随便做做，虎头蛇尾，随意拿起随意放下，"负责任"就是要将事情贯彻到底，既然承担了责任，就要有不管多累都要坚持的觉悟。

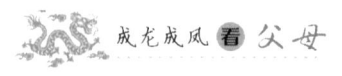

有一则新闻,说的是泰国普吉岛有4名中国游客无视海滩有回流的警告,下海游泳而溺水。其中3人无碍,1人被救起重伤。国内媒体一致的关注点都是泰方的警示牌太小,救生人员不够。并说道,每年这个海滩有100多个人溺水,其中就有70多个是中国人。两天后,在同一海滩有另外3名中国游客被警告后仍然坚持下海游泳,结果3人均溺水,其中1人失去了生命。这则新闻让人惋惜,惋惜那个18岁的年轻生命,也可悲我们媒体没有指出中国游客需要承担自己的责任。我们的社会,正在潜移默化中把"承担责任"变成是他人的事情,责任的拥有者永远是第三人称。中国古人说"国家兴亡,匹夫有责",这样的要求可能太高,父母可以不教育孩子"国家兴亡,我的责任",但至少应该引导孩子"我能解决的问题,我的责任!"

行动要点

1. 尊重孩子的决定,不把自己的期望强加给孩子。
(1)告诉自己:孩子是独立个体,不是附属品,不要挑剔孩子的行为以求孩子达到自己的期望。
(2)不追求孩子的"乖"和"听话",要让孩子勇于成为他自己。
(3)和孩子进行非暴力平等沟通,注意沟通技巧。

2. 建立健康的自我概念。

（1）让孩子学会从经历中学习，培养孩子的自信心，自己的事情自己做。

（2）让孩子通过实践学习，通过自己的努力克服遇到的困难。

3. 建立健康的自我意识。

（1）让孩子习惯于自己做决定，自己动手做事情；让孩子习惯于帮助他人。

（2）培养孩子的基本生活技能。

4. 培养责任心，让孩子从小学会做决定。

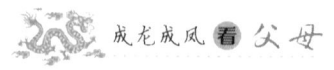

第五章

习惯于用爱去面对孩子，用逻辑和孩子沟通

现在流行一种说法，男孩要穷养，女孩要富养。我们暂且不去评价这一说法的科学性，在笔者看来："穷养富养，都不如用爱养。"爱是世界上最伟大的力量，也是最温润的滋养。

父母需要学会习惯于用爱去面对孩子。用爱去面对孩子就是在和孩子相处的时候，总会表现出爱和全心全意的关注，总是给孩子以正能量，和孩子一块玩一块笑，并经常和孩子拥抱，有很多的身体接触。被父母用爱对待的孩子，一定会感受到父母的爱，还会以爱回报。

爱孩子意味着完全接受孩子

用爱去面对孩子,父母首先要了解和满足孩子的基本需求(吃饭、睡觉、玩耍)和其他需求(理解、关心、感情慰藉)。父母还要学会完全接受孩子,把孩子作为完全独立的主体去接受。接受孩子,包括接受我们认为的优点和缺点,其内涵在于接受孩子的性格、爱好和天生的优缺点,完全接受孩子就意味着我们可能要放弃我们心中理想的孩子。如果孩子本身是个左撇子,而父母强迫孩子用右手写字和拿筷子,就不是完全接受孩子。如果父母无条件地接受孩子的无礼与固执,那也不是完全接受孩子,而是纵容。如果父母说:我认为我们的孩子什么东西都是最棒的,那也不是接受孩子,而是偏见和溺爱。接受孩子是对孩子天性的包容与尊重,是对孩子的习惯和独立思想的客观看待,而不是后天管教的疏忽与过分溺爱。

只有在完全接受孩子的前提下,我们才能帮助孩子成为他们可以成为的人而不是我们希望他们成为的人。父母需要做的是帮助孩子梦想成真,而不是让孩子将父母的梦想变成真。

不完全接受孩子的父母会要求孩子成为他们希望孩子成为的人,这样往往会适得其反。一对事业成功的美国夫妇,他们不能接受孩子有学习障碍的事实,他们觉得自己

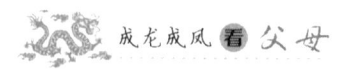

的孩子不可能低智,他们强迫孩子学习,在没有理解数学概念之前,不能吃饭。他们觉得嘲笑孩子不能完成他们的要求是对孩子的鼓励,他们不顾及孩子只是喜欢在自己的房间念书和玩游戏,而是强迫孩子到野外活动,因为那是他们的兴趣。他们天天都在和孩子较劲,强迫孩子做他们希望孩子做的事情,夫妻之间在对孩子的失望中也离得越来越远,结果是孩子产生了严重的自闭症,夫妻以离婚结束。

反之,如果父母完全接受孩子,帮助和鼓励孩子成长,孩子就容易成为有用之才。另外一对美国夫妇在意识到他们的儿子有同性恋倾向时,没有选择像上一对夫妇那样和孩子较劲,而是在儿子被同学嘲笑时选择支持孩子。不仅如此,他们也支持孩子对音乐和艺术的兴趣,为孩子营造一个有同性恋和非同性恋的朋友圈,让孩子自然成长。他们的孩子最后成为一个成功的艺术家。

有些父母对孩子是恨铁不成钢,总觉得孩子达不到自己的要求。其中归根结底的原因是父母没有把孩子作为一个独立的主体完全接受。从心理学的角度分析,父母不能完全接受孩子的原因在于他们不能放下自我权威,完全接受自己过去的错误和失败。父母害怕孩子重复过去自己犯过的错误,因为如果孩子重复了他们的错误,就相当于重新触及曾经的伤疤,让父母重温记忆中的痛苦,那是一种自我保护和自私的表现。这些父母因为不能完全接受自我,所以不能完全接受孩子。某种意义上说,对孩子否定的本

第五章 习惯于用爱去面对孩子，用逻辑和孩子沟通

质是父母未能完全接受自己的过去。

在我们沾沾自喜地认为自己在培养孩子成为成功人士的时候，其实我们是在否定孩子的本质和他们的自主追求，并种下以后关系破裂以致孩子人格扭曲的种子。笔者有一个好朋友，现在是纽约市一个地区医院的医疗总监，著名的肺科专家。他的太太本来是一位儿科医生，但是，做了5年医生之后，她决定重回大学，学习写作。美国的医生收入丰厚并受人尊敬，她为什么放弃这么一个"梦想"职业而从头再来呢？她告诉我，她对医科本来就没有兴趣，是父母希望她成为医生她才选择了医科。她真正的兴趣是写作。当她有足够的资源能够自己选择的时候，她就放弃了医生职业。

另外一个中国朋友的孩子也有类似的经历。这对中国夫妇强迫自己的儿子学医，当孩子大学毕业，考进医学院获得医学博士学位之后，把文凭交给父母，告诉他们说："我完成了你们交给我的任务，我现在要去追求自己的梦想，做自己喜欢做的事情了。"孩子和父母的关系到现在还是很不和谐。

另外一个朋友，有两个孩子。本来是一个十分幸福的家庭，由于各种原因，协议离婚。离婚后，孩子跟妈妈生活。她对离婚心怀怨恨，整天向孩子灌输她对前夫的怨恨。结果是女儿在大学时出现严重的忧郁症而被迫停学，儿子断绝了和父亲的联系。她没有用爱去面对孩子，而是用恨去不断熏陶孩子，从而断送了孩子们的幸福人生。

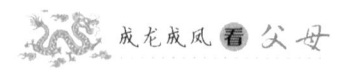

爱需要告诉孩子

中国父母对孩子爱的表达比较内敛，表现在父母很少对孩子说："我爱你！"这是传统，也是文化。不过笔者希望中国的父母可以考虑做些改变，把自己对孩子的爱说出来，光明正大地和孩子说："我爱你！"让孩子知道我们对孩子的深爱。因为笔者认为爱不应该只能从感觉上得到，我们更不应该让孩子只能去感受和探索父母对自己的爱，而应该时时刻刻让孩子感受到父母爱他们的信号。

中国的父亲比母亲对孩子爱的表达表现得更加不尽人意。有些父亲觉得自己应该在孩子心目中有威严，所以常常会下意识地板着一张脸，和孩子严肃相处，心里是爱孩子的，却从不用语言表达出来，结果是，孩子可能要长大以后才能恍悟父爱，再去寻找补偿的方式。

如果父母不习惯于用中文说：我爱你！可以考虑一步一步改进，首先用其他方式表达，过节日的时候给孩子写一张贺卡"×××，爸爸妈妈爱你，节日快乐"或者在孩子累了的时候拍拍他的肩膀，在孩子喜悦的时候与他击掌庆祝，并说出祝福的话，这些都是一种爱的表达。

爱孩子的含义

笔者相信,每个父母都是爱孩子的,可是很多父母没有很好地从帮助孩子成长的角度去思考和理解爱孩子的含义。有些父母觉得爱孩子就是帮孩子安排好一切,帮孩子做所有自己能做的事情,可是,这种爱不能帮助孩子健康成长。如何去爱孩子,父母也需要去学习。

爱意味着让孩子做力所能及的事情

中国父母与外国父母比较,并非缺乏对孩子的爱,只是我们爱的表达方式不太一样。有些中国式的爱需要与时俱进,做出改变。最常见的中国式关爱是给孩子喂饭。在中国的小街小巷,房里房外,都很容易看到父母或者爷爷奶奶、外公外婆在追着孩子喂饭。其实这是一个很不好的习惯,吃是人的本能,新生儿在饿了的时候,就会主动吃奶,能动手的时候,饿了就会拿面前的东西吃,再大一点,就会学着用汤匙吃东西。

给能够自己吃饭的孩子喂饭,其实是剥夺了孩子动手学习、练习人生最基本功能的机会,妨碍了孩子尝试走向独立的重要一步。这一举动给出的信号是:你是不可以做力所能及的事情的,你是不行的,你连最基本的需要都得

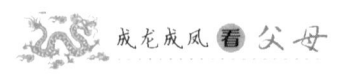

让他人帮助。这是一个很负面的信号。

另外,很多中国父母都会让孩子在公共场所像在家里一样奔跑、追逐和大声喧哗。这样放纵孩子也不是爱,也不是让孩子自由发展。在公众场合,每个人都需要遵守基本的社交礼仪,为他人创造舒适、和谐共处的环境。父母应该知道,自由和责任是平衡的,你给孩子多少自由,就应该给孩子相应的责任,反之亦然。

爱意味着允许孩子犯错

教育孩子要以爱为中心。大爱无形,爱是包容,父母应该允许孩子犯错和承担错误的结果;错误给孩子带来的失望和痛苦连同父母的理解支持和鼓舞常常是改变孩子和让孩子健康成长的重要动力。爱是父母和孩子之间的相互尊重,爱是父母和孩子平等沟通的权利。

爱不只是关心,爱也不只是保护。例如,有些父母不希望孩子失败,因为他们觉得孩子失败是他们的责任,是因为他们没有足够关心孩子。由于望子成龙,这些父母一般都会设计孩子的每一个活动,担心孩子的每一个人生步骤。其实那不是爱,而是他们以孩子的名义去满足自己的私心(虚荣心)。保护的内涵是不让孩子犯错,而爱孩子的内涵在于让孩子在错误中学习成长。

爱意味着勇于把孩子放在第二位

很多父母都有一个误区,他们觉得爱孩子就应该在生活中把孩子的需求放在第一位。笔者认为不应如此,父母应该首先爱自己,再去爱孩子,因为不懂得爱自己的父母也不会懂得如何去爱他人。所以,父母应当把自己放在第一位,把孩子放在第二位,因为一般来讲,能把自己照顾好的父母更能把孩子照顾好。飞机上给旅客放映的安全演示视频都有这么一个情节:在紧急情况中氧气面罩放下的时候,父母需要先自己戴好面罩,然后才去帮助孩子把面罩戴好。这一情节很好地演绎了把孩子放在第二位的重要性。因为为人父母是最大责任的承担者,想要保证孩子健康茁壮成长,首先需要保证自己的健康状态。

用爱去面对孩子,不等于溺爱。如果父母总把孩子放在第一位,孩子会变得自私,因为孩子习惯把自己的要求放在第一位。笔者有一个朋友,由于他们夫妻俩工作忙,便把孩子交给爷爷奶奶带,奶奶平时很节省,从超市买回来20元一小盒的进口蓝莓,自己和老伴都不舍得吃,只给孙子吃。朋友知道后连忙对老人说:这种高价的东西,要么别买,要么买了就全家人一起吃。因为他知道,如果任凭孩子独自享受奶奶买的蓝莓,他很可能会产生一个错误的观念,认为自己就是家里的核心,家人的注意力和中心都应该集中在自己身上,养成不合理的优越感和特权思想,

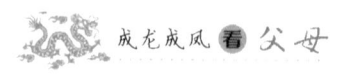

从不知足开始从而无理地要求得到更多。这样的孩子很难在乎他人的感受，缺乏以后有快乐生活关键的情商。把孩子宠坏了，其实很多时候是父母把孩子放在第一位的缘故。

溺爱孩子是很多中国父母的通病。溺爱的特点就是父母为孩子做不必要的牺牲，导致孩子只会接受，不懂感恩，以自我为中心，不尊敬父母，缺乏同情心。而步入社会后，这些习惯了在聚光灯下生活的孩子失去了光环，将缺乏必要的人际交往能力、自理能力和抗逆能力。

爱意味着给孩子一个良好的生活环境

想必大家都知道"孟母三迁"的故事，孟子的母亲为了孟子拥有一个真正好的教育环境，曾两迁三地，以便孩子更好地成长。孩子的成长是一直在不经意地学习的过程，身边一切人、事、物和环境都会影响到孩子的为人。所以，爱孩子的父母需要想办法给孩子一个安全、宽松的生活环境。同时父母需要注意，奢侈的环境对孩子的成长没有好处，在大众化环境中成长的孩子更能有包容心，也更能适应以后自己需要面对的工作和生活挑战。

生活环境也包括父母榜样的力量。总是打着麻将，每天喝酒应酬的父母可能会对孩子说："别学我们，你要努力学习，争取以后考个好大学，出人头地。"但是这样的父母难以得到他们希望的结果。一棵树的种子，难以飘到离这棵树遥远的地方生根发芽。榜样有好有坏，父母爱孩子，就要把自己变成孩子的好榜样,给孩子一个良好的氛围,让孩子更倾向于学好,无论是学习知识还是学习做人。

爱意味着给孩子树立合理的行为边界

爱孩子也不等于没有规矩,爱孩子的父母一定也会注重建立孩子的行为边界,也就是让孩子知道什么行为是可以接受的,什么行为是不被允许的。这种规则可以和孩子商量并以书面形式写下来,可以挂在孩子卧室,或者家里其他容易看到的地方。

如果孩子的行为超出了允许的行为边界,父母要找出孩子违反这些规则的内在原因,然后在孩子心情平和的状态下,一起坐下来讨论孩子违反规则的原因。处理方法也可以是让孩子把行为规矩重新写一遍,让孩子重温规则,以帮助孩子记得下次应该怎么去做。我们的目的不是惩罚孩子,而是让孩子自己找出做错事情的原因,下次不再犯。父母应该注意把对孩子超出行为边界的处理与父母对孩子的爱隔离开来,让孩子认识到父母对出界行为的处理是针对孩子的行为,而父母对孩子的爱还是无条件的。

在西方,有些家长在孩子犯错或和孩子有冲突时,会使用一种名为"和平之桌"的冲突解决方法。冲突发生后,父母和孩子们坐在桌子周围,桌子上放一个高尔夫球、乒乓球、网球或者杯子。这是一个象征说话权的物品,谁想说话,就把这个物品放在他的前头,其他人不能打断。在

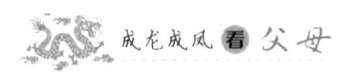

"和平之桌"上,父母和孩子可以轮流发言,让孩子学习聆听。在彼此说完之后,一起寻求解决的方法。这是西方家庭经常使用的一个解决冲突的方法。

父母也应该知道孩子犯错是一种自然现象。孩子不可能不犯错,就像父母自己也会犯错一样。孩子犯错是孩子学习的机会,可以说是一件好的事情。父母工作的关键是要让孩子意识到自己的错误,避免再犯同样的错误。

用逻辑和孩子沟通

用逻辑和孩子沟通的要点是帮助孩子的左脑和右脑均衡发展,让孩子认识到在情绪占主导的时候,更加需要用左脑去思考。很多家长都不知道如何应对正在发脾气、看上去不可理喻的孩子。习惯于用逻辑和孩子沟通的父母会首先弄清楚孩子问题举动的原因,是什么感情需求的表达?是害怕、恐惧或者失望等情感的宣泄?或者是寒冷、炎热、疼痛和其他生理问题?孩子的举动都事出有因,所以我们首先要了解孩子举动的原因,有了了解,问题就解决了一半。

在分析原因之后,父母要给孩子和自己一个冷静期。父母要把自己和孩子都调整到可以去思考问题的状态,那是一个不生气和情绪稳定的状态。因为在生气时,孩子(和父母)都是由右脑主导,主管逻辑的左脑难以运转。父母要给自己和孩子时间,让情绪变得平和,有平和的心态,思考和逻辑才能发挥作用。

例如,当孩子发脾气、顶撞他人、不听父母指导的时候,父母首先要告诉孩子,我们理解你现在感觉很不好,我们不认为你是无理取闹,而是你的右脑在主导你的行为。这时父母可以说,因为你现在很情绪化,我们可以休息一会儿,回头再谈这件事情。等孩子左脑的逻辑和思考的部分可以正常运作时,再进行沟通,和孩子讲道理。

平静之后,父母要根据孩子的成熟度采用不同的方法去解决问题。对年幼的孩子,一个好的方法是给孩子提供两个自己和孩子都能接受的选项让孩子选择。选择是一个让孩子思考的方法,面对选择的时候,孩子必须思考哪个选项对他是最佳的。在思考的时候,孩子运用左脑,情绪化的右脑不再完全主导。当面对比较成熟的孩子时,父母需要和孩子沟通他们行为的动机和原因,了解孩子为什么那样做,孩子的感觉是怎么样的,下次同样情况出现的时候,孩子需要怎样去处理,和孩子共同探讨解决问题的方法。

和孩子的沟通技巧

可能很多父母都没有意识到,父母和孩子的相互沟通从孩子呱呱落地时就开始了,并在不同时期和年龄段有不同的方式和要点。

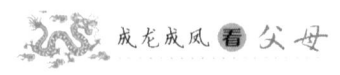

和0～10月的孩子沟通主要是通过身体语言,因为孩子的表达能力很有限,他们还不会说话,只会哭、发出声音,只会身体语言。这时候,父母需要从孩子的表情和身体语言中得到孩子的确切需求。在这段时间,父母可以通过模仿孩子发出的声音,看他的反应再回答,和孩子进行沟通。沟通是双向的,所以父母要记得回应孩子的身体语言。父母可以用面部表情去回应,如果父母注意的话,这时候孩子对你的回应也会有一定的反应。父母也可以常唱儿歌,因为婴儿对音乐有一定的敏感度和接受能力。另外,在这个时期,父母也可以开始培养孩子读书的习惯,例如小人书、故事书之类,最好在每天的同一个时间都读一段简单的故事,让孩子习惯阅读并从中得到乐趣。

父母需要细心观察孩子不同需求的表达,孩子哭了,父母需要认真想想他哭的原因是什么,给出及时的、带着爱的回应,父母需要总是微笑着和孩子交流。通过这种沟通的方式建立父母和孩子的紧密联系。

面对1～3岁的孩子,父母首先要注意建立孩子和他人交流的兴趣和乐趣,所以每当小孩子有沟通兴趣的时候,父母最好给孩子正面的回应,把注意力放在孩子身上,表现出父母对沟通的兴趣。在交流的同时,父母要注意观察孩子的身体语言,读懂它的含义,例如小孩子看着球两眼放光,你就可以知道他也许是想玩球了。

沟通要有语言表达。在小孩子玩火车或者汽车的时候,父母可以尝试描述一下场景,例如父母可以对孩子说:你看,汽车在启动、刹车、超车了等。然后,鼓励孩子描述你在做的事情,这对培养孩子的语言能力很有帮助。另外,父母也可以和孩子沟通第三者行为的含义,告诉孩子一些他人简单行为背后的动机,这样的沟通对孩子的脑部发育有很大的帮助。例如,父亲可以对孩子说:你看妈妈听音乐时身体在动,妈妈看来很喜欢这段音乐。这可以引发孩子对他人举动的兴趣与思考。对这一时间段的孩子,父母应该增加和孩子一起阅读的时间,阅读内容应该以小人书为主,因为这个时间段的孩子对图案会很感兴趣。

3~5岁孩子已经开始成熟,开始有自己的兴趣和思想,因此父母要开始建立和孩子多维度的沟通,首先家长可以进行一些想象游戏。例如对小孩子说,我们现在一起玩星球大战,你是船长,我是士兵,我们在和敌军打仗,鼓励孩子发挥自己的想象。另外也要鼓励孩子讲述自己的经历,例如问孩子:你今天去幼儿园有什么好玩的事?交了什么朋友?要鼓励孩子把自己的经历表述出来。

父母要尽己所能去回答孩子的问题。这个时间段的孩子会有很多疑问,例如这个东西为什么会这样?这个时候父母应该有百分之百的耐心。如果父母有任何不耐烦,表达出"怎么这你也要问?""怎么会有这样的问题?"的时候,会严重损害孩子的好奇心和亲子间亲密交流的关系。

父母还要注意鼓励孩子表达自己的感情,包括正面与负面的感情,例如高兴和生气,且要说出高兴和生气的原因。这是塑造情商的大好年龄,父母要注意尽量避免传达

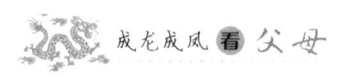

负面信息，以鼓励为主。

父母需要继续鼓励孩子阅读，可以选择一些稍微复杂的文章或小说，让孩子养成聆听或读书的习惯。这个年龄段也是父母和孩子一起阅读的大好时光，父母可以就着孩子阅读的速度，用手指指着书本的一行行字念出来，建立声音和字的连接。

对5～7岁的孩子，父母要鼓励孩子发掘自己的兴趣。当孩子表现出自己兴趣的时候，父母要对孩子的兴趣给出正面回应，并且可以尝试把自己的兴趣也融合进去，和孩子共同探讨孩子有兴趣的东西。

父母要注意和孩子沟通如何解决问题，例如和小伙伴吵架了，该怎么办？要鼓励孩子去独立思考这些问题的不同解决方法，并说出每种解决方法的优劣，之后放手让孩子自己解决问题。在这个时间段，父母可以和孩子进行多方面的沟通，可以问孩子一些需要经过组织复杂的语言才能回答的问题，例如孩子已经上学，可以和孩子探讨数学课的感觉。最后就是阅读，阅读，再阅读。阅读很重要，从0岁开始到7岁，从孩子听不懂，到听得懂；从读简单的文章到大声地阅读一些比较复杂的文章，以鼓励孩子自己阅读，从而培养孩子阅读的习惯和能力。

行动要点

1. 完全接受孩子——接受孩子所有天生的优点和不足。
2. 鼓励孩子做力所能及的事情。
3. 允许孩子犯错,那是孩子学习的最好途径。
4. 首先照顾好自己,因为只有这样才能更好地照顾孩子。
5. 和孩子充分沟通,共同建立孩子的行为边界。
6. 改变孩子行为的方法。
(1) 平复自己和孩子的情绪(可以通过时间或者运动)。
(2) 通过逻辑和孩子沟通,鼓励孩子用逻辑左脑去平衡自己的情绪右脑。
(3) 给孩子两个选择。
7. 掌握和不同年龄段孩子沟通的技巧。

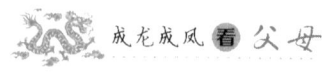

第六章

习惯和孩子做朋友
——不把自己摆在权威的位置,和孩子平等沟通

不知道父母有没有思考过这样一个问题:自己和孩子间应该是一种怎样的关系?很多中国父母可能会下意识地认为孩子对于父母应该是从属关系。君君臣臣,父父子子,这是中国传统的父子关系。

而在新时代,我们倡导的是父母与孩子能够平等地交流,让父母和孩子做朋友、成为孩子的人生导师和成长的榜样。孩子长大成人的过程,父母也在改变和成长,父母和孩子应该享受一起成长的过程。如果我们想培养一个有正向思维、活出精彩、对社会有贡献的孩子,那么父母首先要做的是认识和改变自己。

通过自己的榜样作用帮助孩子成为正向的人

我们经常说孩子是一张白纸，是东方升起的太阳，他们的人生首先由父母书写。作为父母，要想扮演好作家这个角色，我们首先要回顾自己这本书，看看我们自己的成长历程是怎么样的，我们自身是不是一个正向的人。当我们发现自己常常没有正向思维，我们就要思考这些负面思维的原因，仔细思考，再努力去改变自己，因为如果我们不改变，我们的负面情绪和态度也会在孩子的书中留下阴影，难以成为孩子好的榜样。电影《美丽人生》中的父亲就做得很好，面对犹太集中营的压抑和战争的残酷，他仍然保持着积极乐观的心态，保护自己孩子的心灵不受摧残，在父亲的影响和帮助下，孩子最后健康顽强地活了下去。

要改变自我，首先我们要对自己的过去心怀感激，不埋怨自己的父母，勇于承担自己的责任。我们也要思考：自己要成为一个怎样的人？怎样才可以让自己活得更加精彩？我们更需要去思考未来：自己十年之后会是什么样子？和父母、孩子、朋友的关系会是什么样的？如果父母深思熟虑后，朝着十年后想要达到的目标出发并做出相应的改变，这样不仅可以让孩子有一个美好的将来，父母的将来也会变得更美好。

可能我们都羡慕过那些和孩子有亲密关系的父母。他

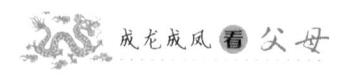

们能够自由沟通、相互尊重，欢笑和快乐是他们关系的主题。营造这样的家庭氛围，最基本的一点是父母和孩子之间是以平等的地位在相处。要做到这一点，我们首先要完全接受孩子，放弃我们在无形中加之于孩子的要求。

父母小时候心中可能都住着一个理想英雄，也埋葬着许许多多没能完成的梦想。潜意识中，我们都会希望自己的孩子成为那个理想中的自己——让孩子去完成那些自己未完成的梦。例如，父亲小时候的愿望是考上北京大学，可是由于各种原因只能考上排名靠后一点的大学。如果父亲把考上北京大学作为对女儿的要求，那么，其实他没有完全接受孩子。因为他希望孩子完成他自己未能实现的梦想，他在潜意识中不能完全接受孩子，不愿意放弃对孩子的控制，而不是让孩子过自己的人生。

尊重孩子的思考和选择

如果父母把孩子看成朋友，那么就会尊重孩子的选择和思考，把孩子看成一个独立的人。在平常生活中，我们要尊重孩子的身体，不要觉得孩子小，是父母的所有物，便可以随便捏脸捏手，在捏之前最好先和孩子沟通。

笔者曾见到一位母亲，因为爱子心切，在乘坐电梯时，当着所有的乘客，丝毫不顾及孩子的面子，大声询问："你有没有出汗？出汗会感冒的。"说罢就将手直接伸至孩子的后背探查，孩子脸上满是不情愿，但也是"敢怨不敢言"。

这只是一件小事,可是在这件小事中,我们可以看到这个母亲没有尊重孩子的习惯。对于同样的事情,尊重孩子的妈妈会在家中或四处无人之时询问孩子的情况,并在将手伸入孩子后背之前告诉或询问"我想看看你有没有出汗,我摸摸你的背可以吗?"

父母也要习惯于和孩子说"谢谢""对不起"。如果父母误解了孩子,要勇于向孩子道歉,这样,孩子也会勇于承认自己的错误;在孩子帮父母做了事情后,父母要习惯于说"谢谢";另外,孩子和朋友在一起时,不要说一些让孩子丢面子的话语。总而言之,只有尊重孩子的父母,才会赢得孩子真正的尊重。

有些中国父母很喜欢用一个词"顶嘴",以此无视孩子所有的解释。这些父母对这个词已经习以为常,并渐渐忽视了它的影响。顶嘴意味着父母不想让孩子反驳自己,不能挑战父母的权威。并不是孩子说的话或者表达的内涵有什么问题,而是无论孩子说得有没有道理,都是错的,因为这个时候孩子只能听,不能说。

通俗来说,说孩子顶嘴的父母没有把孩子当成朋友,而是把自己放在绝对的权威位置,这是一种专制的教育方式,这种教育方式在现代社会不可能带来好的结果。如果孩子采取顺从的态度,孩子很容易就变得言听计从,只会被动地接受别人交给他的任务,而不会主动承担责任,唯权威马首是瞻,难以有创造精神,从而难以成为独当一面的领导者。如果孩子对此采取反抗的态度,可能会导致孩

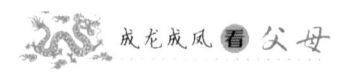

子冥顽不灵,跟父母对着干,导致孩子和父母之间的沟通障碍,严重的会让孩子形成一些与父母迥异的价值观。而这,也为长大之后孩子不愿意和父母沟通的现象埋下了导火索。所以我们最好不要使用"顶嘴"这种词汇,而要和孩子平等地沟通,在真诚沟通中懂得的是非,比驯兽式的惩罚和命令更为深刻有效。

和孩子建立紧密和互信关系

和孩子建立互信的关系是有效沟通的基础。在不同的年龄段,我们要用不同的方法与孩子建立紧密联系和互信关系。

对0~1岁的孩子,父母需要做的是尽快了解并满足孩子的基本需求,只有在孩子的基本需求得到满足后,孩子才会有安全感。由于这年龄段的孩子没有语言表达能力,父母要从身体语言了解孩子的需求,例如:孩子发出需要进食的信号,父母就要给孩子吃东西;看到孩子想要睡觉的信号,父母就要想办法哄孩子休息,避免让孩子长时间被忽视。父母还要让0~1岁的孩子常常感受到爱,多进行亲密的身体接触有助于让孩子感受关爱,例如拥抱、轻吻以及其他的皮肤接触、轻轻说话等。父母对孩子的爱需要表达出来,让孩子知道,把爱放在心里是一种不可取的方法。

如前文所述，很多中国父亲极少主动表达爱，有些还长期缺席孩子的生活和家庭活动。心理学认为：母亲影响孩子的独立性，而父亲则塑造孩子对生命的看法，关系到孩子人格的形成。若父亲在孩子成长过程中缺席，极易导致孩子性格、感受情感与表达情感方面的缺陷。"性别角色"并非天生，而是后天形成的。孩子3～4岁起即开始性别角色同一化的学习。男孩模仿父亲的阳刚、担当与坚韧；女孩则模仿母亲的温柔、爱心与给予。这对男孩、女孩们将来的社会能力和情感发展是至关重要的。

世界卫生组织最新研究成果表明：平均每天能与父亲共处两个小时以上的孩子智商更高，男孩更像小男子汉，女孩长大后更懂得如何与异性交往。"父亲"，一般在家庭中意味着权威性。在父亲与孩子的接触中，父亲将会于无形和有形中向孩子传授或灌输社会秩序、处世规范、行为准则，从而在潜移默化中对孩子实施人生观教育。

孩子可以在父母身上学到对社会的适应，树立自信和明确责任。母亲的教导往往注重生活细节和习惯的养成，是孩子学习的一个重要维度，但显然不能代替父亲的作用。美国婚姻问题专家的统计结果显示：小时候患"缺乏父爱综合征"的孩子，与那些充分享受到父爱的孩子相比，他们中学辍学率及成年后犯罪率均高出2倍；如果是女孩，长大后成为单身母亲的概率则高出3倍。

"子不教，父之过。"对于孩子的教育，父亲的责任尤其重大。可是，东方文化下黑头发黄皮肤的父亲往往不太

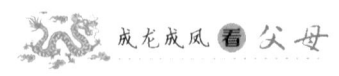

善于直接表达对孩子的爱,笔者在这里再次建议中国的父亲们,爱不应只藏在内心,更应该说出来让孩子感觉到!许多父亲认为孩子还小,自己又忙,得先把钱赚够了再陪孩子,于是一次次从孩子生命中"缺席"。殊不知,成长时期的这种"缺席"日后很难弥补,在孩子成长的过程中留下了遗憾,不知不觉中也影响了孩子的成长。

对1～5岁的孩子,模仿是学习的重要方式,而父母是这一年龄段孩子模仿的主要对象。父母要珍惜和这一年龄段孩子建立互信关系和紧密联系的机会,其中一个重要行为是父母要说到做到,待孩子以诚,不管大事小事都不欺骗孩子。可能一些父母会敷衍孩子说要带孩子去游乐场玩,可是第二天就忘了,没有履行承诺,但是孩子不会忘记,这样的事情可能在孩子的心中种下了不信任父母的种子。父母欺骗孩子一次,孩子可能只会产生不解,觉得伤心、委屈,可是骗孩子三次以上,孩子就开始不相信父母了。失去了信任,父母将难以和孩子沟通,所以父母对孩子许下的承诺,要尽量完成;如果不能完成的,也要好好地和孩子解释,寻求谅解。

对于1～5岁的孩子而言,多说话、多表达自己的想法十分重要,父母首先要做一个优秀的听众。在这个时间段,孩子已经具备一定的表达能力,我们要认真倾听孩子说了什么,并根据孩子的表达和孩子认真地沟通。

在孩子做事情的时候,父母不要只注重结果,更要注重表扬孩子努力的过程。例如孩子在很努力地画一幅画,

这个时候你可以表扬他：你真棒，可以这么认真地画这幅画，这是一种很好的精神。其实画画得好与不好已经不重要，重要的是孩子的努力和认真做事的过程。

对于5～7岁的孩子，父母要开始关注和了解孩子的社交圈。因为这一年龄段的孩子已经有了自己的朋友（如果这年龄段的孩子还没有朋友，父母就要注意了，要关注孩子没有朋友的原因），父母要尽可能地融入孩子的社交圈，把孩子的朋友也作为自己的朋友相待，了解哪个是孩子的好朋友，哪个是孩子的一般朋友，这些好朋友的特点是什么，关于孩子朋友的话题，也可以是和孩子进行沟通和相互了解的热点话题。

除了了解社交圈之外，父母需要给这一年龄段的孩子留下足够的私人空间。孩子告诉你一个秘密，你一定要守好这个秘密，尤其不要当着孩子的面把孩子的秘密告诉其他亲戚朋友。很多大人以为孩子还小，对自己的言行丝毫不注意，殊不知孩子们此时已经有了自主意识，当着他们的面说出你们之间的秘密，无形间伤害了你们的感情，也让孩子对你不再信任。

父母也要注意不要去恐吓孩子，避免对孩子说"如果你不收起玩具我就把它们全部扔了"之类的话，而是正面和孩子沟通，让孩子去思考和选择。例如，如果孩子在吃饭的时间还在玩，父母可以说：如果你现在不把玩具收好和我们一块吃饭，那你就只能下一顿再吃了，因为我们不希望等饭菜都冷掉再吃。所以你选择是吃下一顿饭，还是

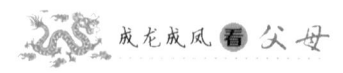

把玩具收起来现在吃饭呢？让孩子进行选择。无论孩子选择哪个选项，父母都要尊重孩子的选择并有所坚持，如果孩子选择继续玩，那么父母就要坚持等到下一顿才让孩子吃饭，孩子少吃一顿饭对身体没有任何影响，但是学会对自己的决定负责，孩子将会受益终身。

和孩子平等沟通

和孩子的沟通除了要使用非暴力的方法之外，平等沟通也很重要。这意味着父母需要把孩子当作朋友，使用正向情感和孩子交流，认真聆听和理解，并富有同情心。在孩子犯错而承受后果的时候，我们应该让孩子在这些不良感受中学习到正确对待事情的方法：什么应该做，什么不应该做，什么是对的，什么是错的。不要使用"活该""都怪你""你自作自受"等没有同情心也无助于解决问题的语言。

要做到这一点，具体做法是：父母首先要理解孩子所遇到的问题，感受到他们的悲伤，也要意识到这是成长的必经之路。其次，我们要适当地表达我们的理解和伤感，对孩子的经历表示同情，不要有不合情景的表达，例如：我当时就说不能这样做的，你不听我的话才有这样的结果。这样的表达会让孩子觉得你只是在责备他，不利于帮助孩子学习成长。

把孩子作为朋友意味着不把自己当作权威,也不站在孩子的对立面。成为朋友意味着支持和理解,而不是对立或者臣服。但有些父母,当小孩子遇到挫折的时候,不但没有给予孩子耐心的聆听和理解,还对孩子冷嘲热讽甚至打骂,希望以此树立自己作为父母的尊严。我们不妨设想:一位小朋友数学只考了 65 分,跟父亲说了之后,父亲不问情况就指责孩子,说:"你考得不好,肯定是因为你没好好学习,也不乖乖听我的话去做练习题,这是你自找的。"这样的表述除了没有同情心之外,也把自己放在了孩子的对立面上。这样的沟通,不能引起孩子左脑的思考,更难以达到让孩子在挫折中学习的效果。

上面例子中的父亲想表达的是孩子以后需要"好好学习,听父母的指导",可是他几乎一口咬定孩子考试成绩不理想的原因,对孩子反唇相讥,不仅让孩子的自尊心和自信心受挫,以后遇到问题可能也不敢再找父母倾诉,最后甚至失去对学习的兴趣。

也有些家长每次都会问孩子,"你这次考得怎么样啊?"当孩子总结完原因是粗心大意,父母又会勃然大怒,斥责孩子:"粗心,又是粗心,每次都是粗心,你什么时候才能不粗心考好一次!"表面上,这些家长有询问孩子的情况,但实际上,这种询问并不是为了沟通,寻求更好的解决之道,而是在单纯地指责孩子,并没有真正去引导孩子思考做得更好的方法。

粗心的原因可以有很多,是知识点没掌握呢?还是复

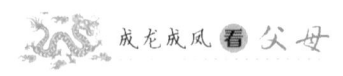

习不到位？或者是考试太紧张？当孩子回答是因为粗心的时候，其实他自己也没有很好地反思到底问题出在哪。和孩子平等沟通的父母，就会引导孩子自己发现原因，一步步反思粗心的过程，让孩子在一个心平气和的状态下去思考真正的解决之道。更加关键的是，每个人都有粗心犯错的时候，那是正常现象。父母最好的处理方法是告诉孩子：没关系，粗心忽略了细节是每个人都会发生的事情，让我们一块想想办法，下次少点粗心犯错吧！

面对上面的情况，把孩子当朋友的父母也可以这样说："你这次考试成绩不太好，我觉得你的班主任知道后可能会很失望，你也很失望。但因为你当时复习得不太好，所以这个成绩也是可以理解的，但是没关系，你好好总结一下问题到底出在哪里，下次就会做得更好。"这样在指出孩子问题的同时，也站在孩子角度上理解孩子的感受，同时也对孩子做出了正面鼓励。父母还可以进一步鼓励孩子思考问题：××，你下一步打算怎么做？让孩子去思考如何才能做得更好。

不对孩子提过高的要求

平等对待孩子的父母也不会给孩子设立过高的期望，这并不是说父母不鼓励孩子订立一个高的目标，这是两回事。父母的希望和目标属于期望，孩子的目标属于孩子自己。例如，父母不应该订下孩子去北大、清华名校读书的目标，而是根据孩子的特定情况，引导和鼓励孩子自己订立适合自己的目标，并为孩子实现这个目标提供足够的帮助。

当父母为孩子设立学术甚至婚姻等过多过大的目标时，就会很大程度地限制孩子未来的道路，孩子也很可能不会喜欢父母所设置的这条路。从心理学的角度，父母代替孩子订立目标，并过分地要求孩子达到，还可能产生一些负面的结果。孩子可能会因为没有达到目标产生过分的自责和"我什么都做不好"的自卑。孩子在实现目标的时候也容易产生完美主义和不惜一切争胜的心理。

人生的可能性很多，作为父母，我们当然不希望孩子走我们走过的冤枉路，但这也不代表我们要因噎废食，对孩子处处设限。孩子们遇到突发情况，我们可以善意提醒，给他们的人生规划一个大概的方向作为建议，剩下的让孩子自己创造，细化和完成自己对人生的规划。

行动要点

1. 帮助孩子成为正向的人。
（1）父母以身作则，首先把自己变成正向思维的人。
（2）把孩子当朋友，平等相处。
（3）完全接受孩子，不把自己的梦想强加给孩子，而是鼓励孩子去追求自己的梦想。

（4）尊重孩子的身体，需要事先询问孩子是否介意父母与孩子的肢体接触。

2．在不同的年龄阶段与孩子建立互信关系的技巧。

（1）注意孩子在各个阶段不同的需求，并最大可能满足孩子的需要，使其感觉到父母的爱和关心。

（2）注意维系孩子的自我尊严，做孩子朋友的朋友，关心孩子关心的话题。

（3）习惯于履行对孩子的承诺。

（4）多表达对孩子的爱，尤其是父亲的爱在孩子成长过程中是不可或缺的。习惯于和孩子说"谢谢"和"对不起"。

3．和孩子平等沟通。

（1）富有同情心，认真聆听。

（2）不对孩子提过高的要求。

第七章

习惯于鼓励孩子多说话和交流，构建沟通能力，提升情商

幸福人生有两个关键基础：自我认知和理解他人。因而，父母在帮助孩子成长的时候，要培养孩子认知自己与理解他人的能力。认知自己就是对自己的情绪与内在感情、能力、长处和不足有初步的了解。感知他人就是能从别人的身体语言、所说的话中了解他人的想法。另外，有数据表明，在职场，被认为有能力的和被提拔的人有90%是具有高情商的人。情商是什么？情商就是不但具有有效地管理和表达个人情感和理念的能力，同时还具备理解他人情感和想法的能力。

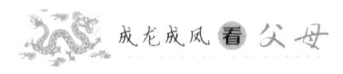

美国心理学家丹尼尔·戈尔曼认为,情商(EQ)比智商更为重要。一个人能否取得成功,智商只起到20%的作用,剩下的80%取决于情商。情商是可以通过后天培养的。很多父母都希望自己的孩子是一个高智商的人,但智商主要是先天形成的,难以培养。可是,父母可以把自己的孩子培养成为一个高情商的人,因为情商可以在学习中提升。情绪是本能,情商是本领,笔者对此十分认同。

20世纪90年代,一群美国心理学家做过一次大规模的调研,发现"高情商"的孩子们来自的家庭阶层可能五花八门,有富人、中产,也有工人阶级,但通过深入分析,优秀孩子们的父母的育儿策略有很多相似之处。

情商的基础是密切的家庭关系

与孩子建立情感纽带,并以积极的方式关注他们的情绪和情感,能大幅度地提高孩子未来的幸福指数。要培养孩子具有高情商,我们首先要让孩子有一个健康的精神状态,父母还要注意培养健康的亲子关系,其中的关键就是贯穿本书所有章节的一点:爱。我们要让孩子感觉到父母的爱是无条件的。

无条件的爱就是无论孩子做了什么,无论好坏,父母的爱也不会改变。有条件的爱可能比较难以理解,这里举个例子说明。一位母亲对孩子的学习十分关注,当孩子成绩好，她就大加赞赏，可是如果孩子某次成绩不好，她就没有正面反馈，表现冷漠。这样的话孩子就会觉得只有自己成绩好才会得到妈妈的爱，成绩不好，就不值得被母亲去爱，这就是有条件的爱。这种爱并不健康，因为爱并非一种奖励，并非是父母一时兴起的表现，而是一种持久的状态，不轻易受外界环境而改变。父母要让孩子明白，无论孩子做的事是好是坏，父母对孩子的爱不会改变。

有条件的爱给孩子传递了这样一个信息：你只有做让父母高兴的事，父母才会爱你。如果问某一对父母：你们是否希望给孩子传达这样的信息？回答大部分都是否定的，他们只是不知不觉中这样做了。有条件的爱会让孩子错误地认为父母不是爱孩子这个人，而只是爱孩子做的让父母高兴的事情。有条件的爱相当于告诉孩子爱和关心是需要交换的，并且可能容易失去，这样不仅会影响父母和孩子之间的感情，也增加了孩子的不安全感。这样做的结果是，孩子将来可能会对亲密关系产生焦虑，也可能无法与自己的好朋友或恋人良好地相处。因为他们害怕建立亲密关系，过分担心朋友或伴侣离开和背叛，因为他们童年的经历告诉他们，爱需要交换。有条件的爱会让孩子没有安全感，而高情商的孩子首先是一个有安全感的孩子。

要建立孩子好的精神面貌，父母就要让孩子觉得他自己是有价值的，他做的事是值得被尊重的。在孩子有稳定的安全感和感到被尊重后，父母就可以有效地提高孩子的情商，开始学习情绪管理和沟通技巧，增强孩子的人格魅力。

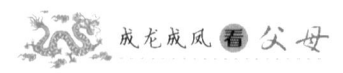

情商的培养始于父母和孩子的有效沟通

性格是本能,情商是本领。这意味着情商可以学习:父母可以提升孩子和别人沟通的能力。例如孩子很内向,不怎么喜欢和其他孩子交往,父母可以尽量为孩子提供与别人交往的机会,让孩子自己找到适合自己的沟通方法,从而提高孩子的沟通能力。

孩子和父母相处的过程,也是学习怎样和他人沟通、联系、建立交际能力的过程。孩子和父母、老师等偶像人物的关系质量,直接影响着他们的情商。当孩子和父母一起的时候,孩子已经开始学习沟通技巧,包括聆听、身体语言、语言能力、分享、付出与得到等。

孩子启蒙都是以父母等亲近的人为榜样,学习对他们来说还是陌生的世界,他们正在了解自己在这个世界中的位置。孩子在学习情商能力时也一样,如果孩子和父母的沟通都很积极正向,那么孩子也会觉得自己很重要。如果每当孩子有需求的时候,都会得到父母及时的关注,孩子会觉得他们很安全,自己的人际关系可以信任,这样的孩子,他们以后不会害怕去了解陌生人,也不会害怕承担建立人际关系的风险。

如果父母不重视和关注孩子的需要,那么孩子很可能会觉得自己是不被重视的,他们的需要可能会被拒绝,孩子长大之后很可能会有孤僻的性格,也可能会觉得人际关

第七章 习惯于鼓励孩子多说话和交流，构建沟通能力，提升情商

系不那么重要，和人的连接可有可无，那么孩子的人际交往能力就建立不起来。所以父母一定要花足够的时间在孩子身上，让孩子感到被重视和肯定。

如果父母和孩子的关系很好，正向且平等，那么这个关系也会变成孩子和他人关系的榜样，而反之，如果父母和孩子的关系有距离并冷漠，充满批评和不健康的家庭位置竞争，那么孩子以后与他人的关系也会如此。所以，父母要花时间在孩子身上，和孩子建立正向、良好的关系，这样不仅能让孩子成为正向、有高情商的人，同时也为孩子以后怎样对待他们的孩子做出了榜样。

经常陪伴孩子并让孩子在和父母的交流中得到乐趣是一件很重要的事情。父母需要尽量减少与孩子在沟通中的不愉快，因为这些不开心的感觉会对孩子的未来产生滚雪球似的影响。从脑科学的角度，第一章提到的多巴胺的激素会让脑细胞间相互通信，并能够让控制快感和愉悦感的细胞特别活跃，让人更倾向于重复做那些让大脑产生多巴胺的事情。如果孩子和父母的沟通经历都是愉快的，从这一活动产生的多巴胺会让孩子希望以后重复这种与人沟通的行为，而不断沟通将锻炼和培养孩子的沟通能力。

父母要让孩子知道，孩子和大人一样，大脑可以划分为两种状态："关闭和回应（非理智状态）"与"开放和接受"状态。关闭的意思是不会接受外面的声音。回应的意思是大脑受到下脑的控制（产生本能反应）。例如，孩子在杂货店里吵着要买什么东西，妈妈说不能买。这个时候孩

子的状态就是关闭与回应状态,这种状态下孩子的行为完全由下脑控制,是非理智的,很难进行有意义、有逻辑的沟通。因此在遇到这种情况时,父母首先要让孩子冷静下来,让他的大脑变回理智的状态。

开放与接受的状态是理智的状态,开放就是能听到别人的声音,接受就是上脑而非下脑在控制孩子的行为。我们使用上脑对事物和感情进行分析和思考,而下脑负责本能反应,因此,只有在开放与接受状态中父母才可以和孩子进行有效沟通,让孩子接受合理的建议和道理,在这种状态下,孩子能够对事情和自己行为的后果进行思考。孩子在关闭与回应状态时,任何对孩子的教导都是无效的。和孩子一样,父母也只有在开放与接受的状态中才可以产生共鸣,接受他人的意见,或者产生共情,理解他人的情感。父母要告诉孩子,在遇到问题时,学习把自己放在开放与接受的状态中,让自己的情商发挥作用。

在处于开放和接受状态时,人际交流的一部分可以通过"大脑探视"获得。这里的大脑探视是指人们有意识地用大脑去探索自我和感知他人的感觉和想法,和其他人进行沟通,实现和他人的连接,这就是情商。大脑在生理上就有和他人沟通的功能。

大脑的自我探视仅仅着重于自我,所以大脑探视的第二个部分就是着重于他人。我们需要感知他人的大脑在想什么,并且通过这个感知和其他人产生连接、共鸣和关联。从这个角度来讲,我们可以通过大脑的连接了解他人的想法，感知他人的感觉。大脑探视还有一个功能是共情，也就是换位思考，把自己放在别人的角度上，如果有同样的感知和感觉，自己的举动会是什么。总而言之，大脑探视的功能一个是理解，一个是共情，就是说通过感知他人而知道他人的感受。这些都是孩子可以学习的技能。

帮助孩子管理情绪和解决冲突

提升孩子情商的第一步是学会情绪管理，目的是帮助孩子提高管理消极情绪的能力。鼓励孩子庆祝失败，对提升孩子的抗挫折力和管理与挫折相关的情绪有很大帮助。能够庆祝失败的孩子在面对挫折的时候，专注于学习而不是被消极情绪所控制。父母也可以通过沟通去帮助孩子学习控制情绪的方法。例如，在孩子生气的时候，避免说负面的语言，而是先给孩子一些时间令其情绪平复，让孩子数到 1～20，或者出去玩一会，然后用平静的心态去面对那些令自己生气的事情。

情商的另一个能力是解决冲突。生活中会有很多冲突，在孩子小的时候，父母就要注意教育孩子怎样面对冲突，例如孩子可能有和其他小朋友不同的意见，和别人争抢玩具或者零食，或者在玩的时候和别人产生矛盾。

如何解决冲突，父母首先要在和孩子相处的时候做出榜样：与孩子的想法不一样的时候，父母要首先了解孩子的想法。比如父母可以把孩子的想法复述一遍，问问孩子自己的理解是否正确，这个举动不仅能了解孩子的想法，同时也在告诉孩子，父母是尊重孩子的。之后，父母需要思考彼此的分歧点在哪里。通过这种方法，孩子可以理解冲突的原因，也学会了如何解决和他人的冲突。

正确处理与孩子的小冲突事件，是教育孩子解决冲突的良好契机。举一个例子，孩子想去公园玩，但你没有时间。这时，你要首先了解孩子的想法：你可以问孩子今天是不是特别想去公园玩，原因是什么？是有朋友在那里，还是孩子想玩荡秋千或者其他某个项目？孩子从中可以学到换位思考，了解别人是怎么想的。在沟通之后，你可以对孩子解释不能带他去玩的原因。这个过程鼓励了孩子用左脑思考，这样有助于解决冲突。让孩子明白对方的想法，这是解决冲突的第一点。

培养孩子读懂身体语言

父母要引导孩子观察对方的身体语言，了解对方的潜意识想法。如果孩子具备这种能力，那么孩子会是一个情商很高的人。高情商也意味着在做错事之后勇于承担责任，和对方说"对不起"。例如：孩子如果误解了对方或者做了其他错事，在了解对方的所指，解释自己的想法之后，要勇于承担，说"对不起"。

父母如何帮助孩子去感受他人和读懂别人的各种暗示

呢?其中一个方法是和孩子一块玩一个对着镜子猜测的游戏。父母可以首先对着镜子做一个表情(父母和孩子都可以从镜子里看到这一表情),然后让孩子猜这种表情表达的是什么情感。是快乐、愤怒、激动、妒忌等?通过这个游戏,孩子就会关注他人的面部表情,也学会了从他人的面部表情去推断他人的情感。

让孩子享受与人交往的过程

我们要让孩子从小知道,和他人建立好的关系是一件愉快的事情。要达到这一目的,首先父母和孩子的关系应该是平等和愉快的。如果父母与孩子的关系更多的是教育与照顾,就不利于培养孩子的情商。如果父母和孩子在大部分相处的时候都共同享受在一起的时光,这样才有利于培养孩子的情商。

因为孩子从小和父母相处的时候就意识到和他人建立良好关系是一件愉快的事情,在这个基础之上,父母就可以想办法提升孩子的人际交往能力,例如学会如何与朋友和同伴好好相处,意识到彼此间都有自尊、自信和自主;父母还要教会孩子关心和注重他人的态度,要适应社会:喜欢并且适应社会的交往,遵守行为规范与边界,有较强的归属感。

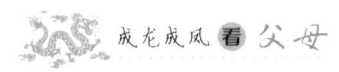

让孩子学会表达情感

要培养孩子对家人表达亲密情感的能力,这种能力的培养最好的方法是榜样的力量。西方的父母常对孩子说"我爱你",中国的父母也可以学习和引进。在度过美好时光的时候,对孩子说"今晚和你一块吃晚餐,真棒",在孩子做了正确事情的时候,对孩子说"你的行为让我感到骄傲"。

父母也可以引导孩子回应说"我也爱你"和在不同的情景下表达自己赞赏的情绪。中国的传统是严父慈母,这里建议中国的父亲与时俱进,为了孩子情商健康,学习表达自己的亲密感情。有研究表明,在西方文化中,一对关系良好的情侣,双方每天有超过一百次的亲密情绪表达。我们不要求那么多,但是否应该经常和孩子有亲密的情绪表达呢?

父母还需要帮助孩子学习表达自己不满情绪的技巧。首先我们要让孩子知道,孩子也需要有自己的尊严,也可以对他人说"不",但是表达方式需要技巧。有一种叫XYZ的表达方法可以让孩子去学习。XYZ的含义是"在X情况下,你做了Y,让我感到Z"。例如,孩子可以说:"在我和朋友玩的时候,妈妈你对我态度不好,令我觉得很难堪。"在用XYZ方法的时候,要避免用"你必须"那样的语气开头。父母可以和孩子一块去想象一些会令孩子生气的情景,然后让孩子用XYZ方法去表达自己的情绪。

与情商相关的几种能力培养

在美国,社会情绪学习课程中需要学习的主题包括如下内容:自我认知、自我管理、社会认知、人际交往技能、决策能力,情商也贯穿在这五项主题中。心理学家张怡筠博士曾经把情商分解成一些关键维度,列出了从 0 到 6 岁需要培养孩子的方向。简单来说就是要做好:克服看到生人的害怕(2~3 岁),情绪认知(2~4 岁),独立性(2~4 岁),自信心(3~5 岁),共情(3~5 岁),抗挫力(3~5 岁),自控力(3~6 岁),分享(4~5 岁),合作(4~6 岁),专注力(5~6 岁),责任心(5~6 岁),热爱学习(5~6 岁),这些能力的学习贯穿孩子的 2~6 岁。父母可以参考这些年龄段的情商培养要点,一步步培养孩子的情商。

克服恐惧

害怕是人生而具备的本能。对不安全的东西产生恐惧,是人们自我保护的本能。有研究表明,孩子一般不会对熟识或者完全陌生的人和事产生恐惧感,前提是那些熟识的人和事过去没有给孩子带来恐惧感。孩子对那些曾经给自己带来欢愉的事情只会是开放和接受的状态。由于对完全

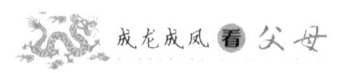

陌生的人和事孩子还不了解，好奇心会让他们去了解这些人和事，而不是害怕他们。其中的例外是如果孩子过去见过的陌生人都是恐吓孩子，让孩子有不愉快的经历，那么以后孩子见到陌生人可能就会产生恐惧感。父母首先要让孩子有足够的安全感，让2～4岁的孩子经常有与其他孩子或者陌生人接触的机会是让孩子克服害羞和害怕陌生人的好方法。

认知情绪

孩子对自己的情绪认知是一个不断学习的过程，这一学习过程需要父母的帮助，其中一个方法是鼓励孩子去描述自己的感觉和情绪。例如，孩子和小朋友玩的时候，小朋友抢了孩子的玩具自己玩，不和孩子分享，孩子生气并动手推了小朋友。父母在孩子情绪平复之后，可以鼓励孩子描述自己生气的感觉。在孩子描述的时候，父母不要打断，让孩子进行完全的自我表达，通过这些描述，孩子就会认识到什么是生气、什么是失望等不同情绪。在认知自己情绪的前提下，孩子就可能学习自我管理情绪。

独立

前面的章节中已经描述过建立孩子独立精神的重要性。建立孩子独立性的第一步是把孩子作为一个独立体去面对，尊重孩子的意见和思想，让孩子自己做决定。另外，尽量让孩子多动手，鼓励他们做所有自己能做的事情。

自信心

3～5岁是培养孩子自信心的重要时期。孩子的自信心首先来源于父母的爱和尊重，不尊重孩子的父母难以有效地提升孩子的自信心。在爱和尊重的前提下，通过鼓励孩子多做一些他们自己可以完成的事情，让孩子得到完成任务的喜悦。父母要常对孩子说"你做得真棒"等鼓励的话语。孩子在成功完成任务的过程中，在父母的正向鼓励下，自信心会慢慢形成。"角色代入游戏"也是培养孩子能力和信心的一个方法。父母可以让孩子扮演演说家的角色，让孩子演讲，并给予掌声和鼓励，这不失为帮助孩子增强自信、学习表达的好方法。一些幼儿园举办的"小小演说家"活动便是同样道理。

共情力

共情的定义是个体由于理解了真实或想象的他人情绪，而引发的与之一致或相适应的情绪体验。这是一种替代性的情绪反应能力，就是一个人能够以他人为中心识别和接纳他人的观点，并能够亲身体验他人情绪的心理过程。这与我们常常说的"换位思维"类似，也可以把共情理解为

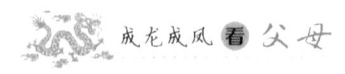

"换位感觉"的能力。

有研究显示，共情能力和社交能力成正相关，共情是情商的一种重要能力。有些人常在公众场合如机场、飞机上大声喧哗，不顾及其他人的感受，很多人都把这种举动归类为素质差，其实他们只是缺乏共情力。一个有高共情力的人，就算在无意中大声说话，影响到他人，他也会很快意识到自己行为对他人的影响，从而修正自己的行为。成人在公共场合不当行为的一个重要原因在于这些人的父母在他们年少的时候没有注意共情力的培养。特别是中国很多孩子是独生子女，父母以孩子为中心，而大多数孩子也都以自己为中心，最后成长为缺乏共情力的人。

抗挫力

抗挫能力的培养是孩子成长的重要一环。这一点，很多中国父母做得都不是太好。中国父母为了不让孩子失败，比较喜欢大包大揽，凡事都帮孩子做决定，有事都争先帮孩子去完成，孩子只需要把书读好就行。如果孩子事情没做好，父母轻则埋怨，重则辱骂，孩子事情做好了，又缺乏表扬。有一位专家曾经对中国的孩子做过一个调查，发现55%的孩子不能承受失败的打击，而31%的孩子认为自己从来没有经历过挫折。其实培养孩子抗挫力的关键是本书第二章讲到的拥抱失败。从小就让孩子多尝试、多动手、多负责，鼓励孩子尝试失败，让孩子在失败中学习和成长，那样的孩子会有较强的抗挫力,因为孩子学习的最好途径就是从失败事件中学习。

自控力

一般父母都没有去刻意培养孩子的自控力。有些父母认为有没有自控力是孩子的天性,不需要培养。的确,孩子生来有不同的性格和天赋,有些孩子的自控力生来就比较强,那是比较好的。不过,自控能力是一种技能,可以后天培养。

培养孩子的自控力,首先不要违背孩子的天性,例如,对一个好动的孩子,父母将难以通过强迫孩子安静坐下来的方式去培养孩子的自控力,这样的方法还可能产生影响父母和孩子关系的负面作用。

如何培养孩子的自控力呢?父母可以考虑从两个方向着手。首先,父母可以鼓励孩子多玩一些需要自我控制的活动和游戏。例如球类和体操活动就要求孩子学习控制自己的身体,棋类和电子游戏在要求孩子学习控制自己身体的同时,也要学习控制自己的情绪。

另外,父母也需要多赋予孩子责任,增加孩子锻炼自我控制的机会,通过尝试做力所能及的事情并承担结果,孩子学会选择和决定,而这些责任、决定和执行会让孩子思考并规范自己的行为去完成任务。孩子的自控力会在实践中不断提升。

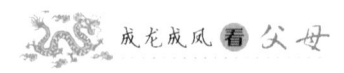

分享和合作

很多中国父母忽视孩子与他人分享的能力。父母以孩子为中心的生活习惯也降低了孩子从分享中得到乐趣的可能。例如，很多中国孩子宁愿霸占着玩具，自己不玩也不给其他孩子玩。如果父母鼓励孩子的这种行为，会助长孩子成长为一个不懂得分享、自私自利的人。

让孩子学会分享其实很容易。首先，父母要做好榜样，在家里鼓励分享，把自己的东西和其他人分享。另外，在孩子开始有和他人分享行为的时候，适当给孩子以奖励，其中包括口头和物质的鼓励，让孩子感受到分享是一种快乐的行为。

让孩子学会和他人合作，与其他小朋友通过组合小组进行游戏是一个好的方法，所以学习合作最好的地方是在幼儿园，家庭的游戏也能让孩子学习合作的方法。父母可以把家人分为二组，玩一些需要配合和合作的游戏，让孩子从游戏中学会合作和认识到合作对成功的重要性。父母也可以多组织孩子和其他同龄人的活动，例如带孩子们一块去游乐园并安排一些需要合作的游戏。参加如足球等需要配合和合作的体育活动也是培养孩子合作精神的方法。

专注力

孩子年龄增长的同时，专注力也会自然增强。但是，这不是父母不需要培养孩子专注力的原因，因为孩子长大以后的专注力与孩提时代的培养息息相关。如果父母注意培养孩子的专注力，孩子成人以后的专注力也会更强。

培养孩子专注力的关键是懂得循序渐进：父母不能要求孩子有超出年龄和自我能力的专注。如果孩子开始只能有5分钟的专注力，父母就需要从5分钟开始，在孩子专注于一件任务5分钟之后，让孩子分散一下注意力，玩其他游戏，然后再回到任务中。这一专注时间再慢慢加长。另外，父母也要注意教育孩子在任务中寻找趣味，孩子在做自己感兴趣的事情时，一般都是专注的，一些孩子玩电子游戏会沉迷也是源于孩子对电子游戏感兴趣。如果孩子能在任务中找到乐趣，自然就可以提升孩子的专注力。父母还要坚持正面鼓励，在孩子专注力有提升的时候，不要吝惜褒奖之词，如可常对孩子说："你真棒，专注力又有了提升！"

责任心和热爱学习

关于责任心，已经有专门的章节阐述。培养孩子责任心的唯一途径是给孩子任务和信任，让孩子在实践中学习。

中国的父母都希望自己的孩子热爱学习。他们的初衷往往是希望孩子通过学习，得到好的成绩，从而在学校出类拔萃。让孩子热爱学习是对的，可是，笔者不认同让孩子通过学习而达到在学校出类拔萃那样以终为始的理念。

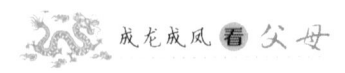

我们培养孩子热爱学习,要从培养孩子喜欢学习的过程着手,孩子的学习过程比结果更加重要。如果孩子对学习的过程感兴趣,那么可以预测,孩子的学习结果一定不会差。所以,父母培养孩子热爱学习的关键在于把乐趣寓于学习的过程中,让孩子在学习的时候得到乐趣与满足。

读懂身体语言的基本方法

情商有多个维度,其中的关键是读懂他人身体语言的能力。有一个让孩子提高情商的有趣方法:父母可以让孩子对着镜子,根据不同的要求,做出不同的表情。例如让孩子对着镜子模拟一下自己摔坏玩具时的悲伤表情,让孩子看一下自己的表情是怎么样的;到了喜欢的地方的兴奋表情是怎么样的;有很多功课要做、不能出去玩的失望表情是怎么样的;听到很厌恶的声音的害怕的表情;还有被别人抢走玩具时生气的表情;妈妈原本要出差一周,突然间看到妈妈提前回来的惊喜表情;受伤了,穿鞋穿不了的无奈表情;去游泳,不停地游500米之后的疲倦表情。另外还可以让孩子对着镜子想象一下,听到爸爸决定带自己去迪士尼玩的高兴表情;明天要考试,可是还没准备好的担心表情;和朋友一块去游泳的约会被小朋友取消了的失望表情;需要和班里女同学一块手拉手唱歌的害羞表情;还有要上台表演钢琴的紧张表情;等等。

孩子可以通过这些场景的练习，了解人的不同情绪和这些情绪的身体语言表达方式，有了这些了解，孩子会学会阅读他人的身体语言，学会体会他人的感受，这是情商的重要构成部分。

学会换位思维

共情是理解他人感情的第一步，英文里说"think in others' shoes"，为他人着想的人，往往更能得到别人的支持和理解。父母在教育孩子时，不应该只注重自己孩子的利益。笔者在一次逛公园的时候，看到两个孩子在公园里为了玩具能不能一起玩而发生争吵，因为玩具是其中一个孩子带来的，而新加入的孩子想要一起玩。带了玩具的孩子不肯让出玩具，没带玩具的孩子就直接上去抢。两位孩子的家长也剑拔弩张，一位指责对方孩子小气，一位说对方的孩子霸道蛮横，最后两个家庭不欢而散。

如果你是其中一位孩子的父母，你会怎么做？从培养孩子情商的角度，作为带了玩具的家长，应该鼓励自己孩子让出玩具，引导孩子体验分享的快乐。"你给他一个玩具车，你们一起比赛怎么样啊？"或者"这个做饭的玩具一起做不是更开心吗？"让孩子知道，恰当地舍弃，是因为有更大的获得。而作为没带玩具一方的家长，应该在自己孩子上前去争抢别人东西的时候加以制止，让孩子尊重其他孩子的选择，尊重他人的财产。

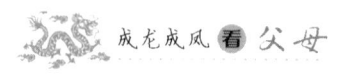

鼓励孩子换位思考是很多父母失职的地方，让孩子站在别的孩子的角度，一个要理解不被分享的失落，一个要理解他人不愿意分享的可能。学会换位思考，才能原谅一些自己不能理解的事情，才能更进一步理解不同位置角色的心态，下一次有机会为大局做出更好的选择。家长切勿护犊心切，有自家孩子利益高于一切的心态，这样只会把孩子也培养成计较得失、对蝇头小利耿耿于怀、情商低下的人。

行动要点

1. 建立亲密的亲子关系。
（1）给孩子无条件的爱，让孩子意识到父母对他的支持，那么他在独自成长和做出选择的时候才会更加自信和勇敢，因为家的后盾让他感到安全。
（2）和孩子以朋友相待。
2. 帮助孩子学习管理自己的情绪。
（1）学会感受、描述和表达情绪。
（2）情绪化的时候用数数、运动的方法平复情绪。
3. 共情，换位思考。
学会换位思考，才能原谅一些对方不合理的言行举止，才能更进一步理解不同位置上角色的心态，下一次有机会为大局做出更好的选择。

4. 培养孩子的情商。

（1）沟通、沟通再沟通。让孩子多表达、多说话，培养孩子的表达能力。

（2）帮助孩子学习处理冲突。

a. 父母做好解决冲突的榜样。

b. 用复述的方法表示理解和尊重他人的意见。

（3）培养孩子读懂他人的神态语言，如玩脸部表情的猜测游戏。

（4）让孩子学习正确表达自己情绪的方法，如 XYZ 表达方法。

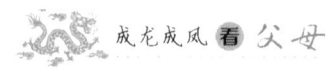

第八章

习惯于鼓励孩子读书、学习和思考,建立对错观

如果询问100个中国父母:孩子是学会做人重要还是读书有好成绩重要?可能其中80个中国父母的内心会回答:读书的成绩更重要。虽然可能大多数父母口上会说做人更重要,但往往在教育孩子时他们更着重于读书成绩。这种诉求无处不在:这些父母对孩子的主要要求就是在学校取得一个好的成绩。

这种普遍现象与我们的文化传统和升学制度息息相关。自古以来中国人就有"万般皆下品,唯有读书高"的理念。我们的升学制度也让念大学成为孩子最好的前进之路,而中国的升学系统基本上是把考试成绩作为唯一的准则。可是面对同样的问题,100个犹太人父母,可能有80个会选

第八章 习惯于鼓励孩子读书、学习和思考，建立对错观

择做人。因为他们认为，如果孩子学不会如何做人，那么他很可能只是一个好学生，会有好成绩。但一个好学生不一定会知道怎么做人。

笔者认为，会做人意味着友善、有同情心、有稳定的情绪、有良好的表达能力、热爱生活并趣味十足。而要想具备这些素质，孩子必须具有读书、思考和自我学习的习惯，并具有和其他孩子有效沟通的技能。如果具备这些素质，孩子也会在学业上变得优秀。

从小培养孩子的读书习惯

这里提到的读书习惯，不单是阅读教科书。父母要从孩子幼儿时代起就和孩子一块念书，开始是只念书给孩子听（0～1岁），然后在念书的时候用手指随着句子移动并鼓励孩子看着句子，从而产生声音和文字的关联（1～2岁）。孩子2～3岁的时候，在引导孩子阅读时，可以开始和孩子进行交互式的阅读。对4～7岁的孩子，父母要开始鼓励孩子自己去选择和阅读那些自己喜欢看的书。父母最好为孩子在家附近的图书馆办一张借书卡，每周都带孩子去图书馆还书和借书，把读书变成一个生活习惯。

说到图书馆，很多外国人都会联想到安德鲁·卡内基。卡内基是一个美国的苏格兰移民，出生贫苦，由于个人奋斗和努力，成为世界钢铁大王，可他并非因为商业成功而

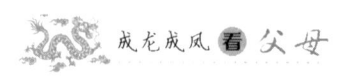

被评为美国历史上对社会最有影响力前100人中的第20名,而是因为他在事业的巅峰时期退出商业,然后把自己的所有财产,在有生之年全部捐献给了慈善事业。

美国大部分的大中城市都有卡内基图书馆,这些图书馆都是卡内基捐献资金建立的。卡内基对图书馆情有独钟的诱因是他的童年经历。卡内基14岁时有一份送电报的工作,他在跑腿送电报之余,很想多读点书来充实自己,可是,苦于家境贫穷,他根本没有多余的钱买书。有一天他在翻阅报纸时,发现了一条消息:退役的安德森上校愿意将家中的400册图书借给好学的青少年们。每逢星期六可以到他家借一本书,一星期后归还,再换另一本。于是,欣喜若狂的卡内基找到上校的家,借到了自己想看的书。从此每到星期六,卡内基都能得到一本新的书并从不断阅读中学到了新的知识。后来,由于借书的少年日益增多,安德森上校决定办一个私人图书馆,他到纽约添购了各种书籍,又向市政府借了一间房,成立了一家真正的图书馆。在安德森上校的图书馆,卡内基养成了喜爱读书的习惯,也认识到读书的重要性。在他决定捐献自己所有财产之后,卡内基开始在世界众多的城市和大学建立图书馆,因为他知道读书可以给一个人带来怎样的改变。卡内基深得中华"授之以鱼不如授之以渔"的道理。

我们教育0～7岁的孩子时要着重于读书的过程,而不是结果。如果着重于读书的结果,孩子会很容易失去读书的乐趣,长大之后可能也不会去寻找自己感兴趣的事业。

当孩子没有结果的束缚，不在乎结果的时候，孩子才会享受读书的过程，并在读书的过程中得到知识和学习的方法，享受读书的乐趣。对于这个年龄段的孩子，读书的过程比读书的结果更加重要。

学会学习的方法比学习本身更重要

笔者给本科生上第一节课的时候，都会告诉学生：到大学的要务不是学习知识，而是学会如何学习知识。学习知识重要，可是学会如何去学习知识更重要。因为知识总在更新，当走出校门，面对社会的时候，大学学到的知识能用得上的可能不到1%。赖以生存的技能和本领需要不断地从学习中获得。所以知道学习知识的方法，比学习知识本身更重要。

正确的学习方法必须从小教起，养成习惯。对孩子来说，首先是培养每天读书的习惯，从父母念书给幼儿听开始，然后父母可以和1～3岁的孩子一块念书，父母用手指着小人书的字阅读，把字的形象和发音联系起来，再加上书上的漫画、字，发音和含义就产生了关联，3～7岁的孩子就可以自己由浅到深地进行自我阅读。阅读的习惯将会令孩子与时共进，获益一生。

"学而不思则罔，思而不学则殆。"意思是，如果人们只是学习而不思考，就不会吸收学到的知识，难以活学活用。只能理解知识的理论意义而无法将其应用到实践中，相当于没有学到东西；而如果只是思考而不学习，就会变成空想，没有知识的支撑，思考出来的东西只会带来疑惑。我们的先人早已认识到思考和学习的关系。

犹太民族的学校曾经有一个古老的传统：当学生们学习的时候，不是去告诉他们答案，而是教他们问问题。犹太人追求争辩，强调独立思考。自我思考是发现问题然后去解决疑惑的过程，其实就是自我学习的过程。犹太人并非个个聪明绝顶，他们只是善于教育自己的孩子去做自己感兴趣的并且能将其变为擅长的事。犹太家长会在学校和家庭中打造一个让孩子思考的氛围。教育孩子多思考，不是如何解各种各样题的思考，而是思考孩子本身所关心的问题、发现自己的特长及潜在能力，从而鼓励孩子们做自己喜欢的事情，并将其做好。让孩子尽可能多地了解并体验新的事物和现象，培养孩子开放式的思维方式。与之同理，0～7岁孩子的读书过程是学习的一个重要构成部分，在学习的同时，父母要引导孩子思考，给孩子选择，让孩子做决定，这是孩子学习思考的开始。

孩子的学习不单是从书本上得到，很重要的一部分，可以从人际沟通和动手实验中得到。沟通和交流是一个很好的学习渠道，从书本中学，比较系统和严谨，从沟通中学，放松与自然。笔者的一个好朋友是一个上市公司的董事长，他好学且勤于提问。在功成名就之后，他还不断参加各种MBA的课程，不在于学位，而在于学习。他很乐于和他人沟通，特别是那些他能够从沟通中学习的人。他和别人的沟通，总是首先理解别人的观点，特点是用自己的语言复述别人的看法，并询问是否正确。然后他会从不同的角度对所讨论的主题提出问题进行探讨，从沟通中深层次了解和理解主题。父母和孩子的沟通也可以向这位朋友学习。对不同的问题从不同角度向孩子提问题，也鼓励孩子做同样的事情。在提问中，我们要注意，不要把自己的意见强加给孩子，就算你觉得孩子是错的，也必须尊重孩子的看法，遵循把孩子当朋友的行为准则。因为是朋友，所以每个人都具有保持自己看法的权利。这些沟通，也是加强父母和孩子紧密连接的好方法。

读书之余，父母需要让孩子学习自己解决问题。解决问题的起点是归纳出选项和从选项中进行选择决定。从 6 个月开始，很多西方家庭就会提供空间让孩子学习做出决定。孩子在 11 ~ 12 岁的时候，就应该能够独立做生活中的大部分决定。

不要单纯追求分数

很多中国家长可能没有意识到，中小学时期的 100 分比较容易拿，因为老师要求学生学习的知识面窄，只要逼着孩子老老实实地坐上几天，把书参透了，拿高分完全不是问题；而上了高中、大学，情况就完全不一样了，有些中小学时期成绩很好，但实际不会自我思考，只会死记硬

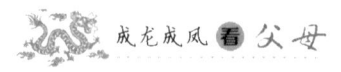

背的孩子，在面对突然变广的知识范围和更多学科的时候，就容易慌，因为学习方法不对，成绩一落千丈。相反，一些以前十分调皮的学生可能成绩一下子就上去了，这些孩子也就是老师们所说的"黑马"现象，正是因为那些孩子的父母在孩子的孩提时代让孩子接触多方面的事物，发展自己的兴趣，有多多动手和思考的机会，造就了这些孩子成绩质的飞跃。

学习不应该是为了分数，而是为了理解，要学的都是真的学懂了，掌握了学习方法，厚积薄发，赶超只是时间问题。在西方，一般父母都不会在乎孩子是否拿到100分，往往孩子拿到80分他们就会奖励，60分也没有问题。他们关注的是孩子是否真正学到了应该学的东西。美国佛罗里达州政府最近决定强制减少小学生的标准考试，给出的原因是：留出更多的时间让孩子真正地学习。

科学家霍金上学的时候，成绩一直不好，作业不整洁，阅读能力也不好，甚至有同学当着他的面打赌说，他将来肯定没有出息。而霍金并没有理会这些人，他继续潜心学术研究，最后成为物理学界最权威的专家之一。一位美国教授做过一项研究，研究学生在校的成绩与他们未来的职业成就的关系，得出的结论是无直接影响。如果孩子的父母回想一块成长的人，可能会发现，有些读书时成绩不是最拔尖的孩子长大后反而有比较好的发展。所以希望中国的父母不要被眼前孩子的小小分数蒙蔽了眼睛，应该把对孩子的教育着眼于远处和大处，给孩子以空间，让他们的人生之船向更广阔的天地前行。

创造力源于多动手和多元化兴趣

美国《财富》杂志 2017 年 12 月的一篇报道指出，驱动现代经济的是创造力、创新和颠覆。而中国教育衡量学生的依据依然是标准化测试的成绩和遵守规则的能力。如今，商业的游戏规则正在发生改变，我们父母教育孩子的方法也需要改变。

动手能力是中国孩子的短板，也是中国孩子缺乏发明创造能力的主要原因之一。创造力不一定是来源于好成绩而是源于对某个问题的巨大热情，而热情来自于个人本身的兴趣。有热情还不足够，热情加上动手能力才可能产生创造力。

诺贝尔奖得主伊瓦尔·贾埃弗有一次来中国分享了他获得诺贝尔奖的经验：他在挪威度过少年时代，自称自己是个"坏孩子"，一周只上两到三次课，除了帮家人在地里捡土豆，在树林里搬木材外，他把大量的时间放在了滑雪场和象棋桌前。成绩总是刚刚及格的贾埃弗最终却能够获得诺贝尔奖，原因是什么？"成功来源于创造力，不是死学习。"贾埃弗获诺贝尔奖源自他在美国通用电气公司时与导师发生的一次分歧。他们对一个学术问题意见相左，贾埃弗为了证明自己的想法是对的，在实验过程中创造性地制作出一个实验仪器，让研究获得了成功。

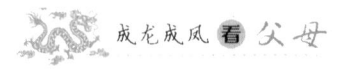

另一位诺贝尔奖得主道格拉斯·奥谢罗夫,同样因为一个别人都没有想到的思路得到了惊人的科学发现,并因此获得诺贝尔奖。道格拉斯·奥谢罗夫说,"创造力来自于你的热情,希望弄明白这些事情是如何进行运作的。我小时候就喜欢把我那些玩具都拆开,也喜欢把我的车子零件拆开,因为我想知道汽车的运行原理。创新就是要问对问题。"

"创造性的制作仪器""别人都没有想到的思路",创造力、高超的动手实践能力和敢于创新、挑战权威的勇气是两位诺贝尔奖得主获得成功绕不开的关键词。

从这个角度去考虑,他们的诺贝尔奖是儿时动手动出来的,是玩出来的。现在的中国父母,有多少是注重于孩子动手能力的?有多少是鼓励孩子去玩沙子、玩石头,把好的玩具拆散又重新装起来的?如果中国父母把关注孩子学习成绩的一半精力放在关注孩子的动手能力上,在不久的将来,可能就会出现多个中国籍诺贝尔奖得主。

具有清华大学"爱迪生"之称的邱虹云生性腼腆,但爱思索。邱虹云父母不鼓励他在考试分数上下功夫,相反,非常注重孩子的想象力和创造力的塑造。邱虹云在家里是个"破坏狂"。父母给邱虹云买了玩具,他三下五除二地就把玩具拆了,目的是想看一看玩具为什么能"玩"。家里的二极管、三极管也被邱虹云拆了,目的也很简单,邱虹云非常想知道内中的奥秘。1996年,邱虹云考入清华大学。父亲对儿子说:"清华是天下英才汇聚之地,你要给自己定

第八章 习惯于鼓励孩子读书、学习和思考,建立对错观

位。我们不在意你的考试成绩,你要学到知识和本领。"也许是父亲的话起了作用,对清华学生来说并不十分显眼的邱虹云,到了清华如鱼得水,开始大显神通。

在生活中,父母可以主动给孩子创造"动手"实践的机会,也可以带着孩子观察生活中不易被发现的小细节,引导孩子思考。比如一些很基本的科学现象,"为什么水中的钢笔看起来像是被折断了一样呢?""为什么黄色的颜料兑蓝色的颜料会是绿色呢?"父母是引导孩子思考的拓荒者,最关键是启发孩子去问很多为什么,然后帮助孩子寻找获得知识的途径和方法,让孩子自己去做那个追寻答案的人。

毕竟不是每个家长都学富五车,对孩子的每一个问题都能回答得面面俱到,所以笔者认为家长最好的角色应该是和孩子一起寻找答案,当一个合格的鼓舞者,保持不断学习的能力。然而要做到这点,对家长们本身也有一定的要求。做一位合格的家长,必须与时俱进,能接受时代的新思想。另外,要注意引导孩子对生活进行细致入微的观察,否则孩子难以成为一个勤于思考的人。

培养孩子的艺术修养

让人惊讶的是,艺术在科学领域扮演着重要的角色。来自密歇根州立大学的科研人员通过研究数位诺贝尔奖得主的业余爱好发现,艺术可以培养科学创造力。诺贝尔奖

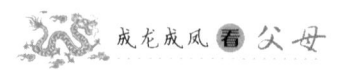

得主们通常拥有比普通大众多三倍的业余爱好，而且在许多时候，职业的科学研究和业余艺术爱好息息相关、互相促进。

1978年诺贝尔物理学奖得主罗伯特·威尔逊（Robert R. Wilson）就是一位专业的雕塑艺术家，他认为设计一个超级对撞机的原理和设计一个雕塑的原理是一样的，最好的科学就如同最好的艺术一样美丽且激动人心。

家长可以发掘孩子在艺术方面的兴趣爱好，并鼓励他们培养一些兴趣爱好，但不能强迫他们。艺术方面的兴趣爱好可以帮助人修身养性，当心中有高雅的情趣，眼前一时的得失与生活中鸡毛蒜皮的拉扯就显得无关紧要了。笔者有个朋友，每周二都会带着女儿去上瑜伽课，瑜伽对于她来说是一次很好的身心放松的体验，她带女儿去，也将这种观念传递给了女儿，让女儿也学会了通过瑜伽放松身心，放下一天在学校的劳累和烦恼。笔者认为，这也是很好的修身养性、培养亲子感情的办法。

培养孩子的发散思维

创造力的实现依赖于知识和本领，否则容易变成空有思想，无处实现。在积累知识的过程中，最忌讳的就是"标准答案"。雪融化了是什么？一位孩子在试卷上回答，雪融化了是春天，却被老师无情地打了个大叉，因为这不是"标准答案"。这不禁令人惋惜，一个孩子的创造力，也许就在这一道题中开始被扼杀,他开始去习惯答题的套路,习惯一板一眼的答案。也许孩子的分数是提上去了,但在这种做题学习的过程中,他的思考却越来越少了。这样的学习方法,又谈何创新呢?

卢钦斯(Luchins)在其著名的研究思维定势的取水实验研究中发现,一旦参与者找到了某种成功的取水方法,即使有更好、更简易的方法,他们也难以发现;而另一些没有经过这种取水方法练习的参与者,则能很快发现更简易的方法。这个实验说明,有时固有的思维模式和成功的经验反而会限制思维的灵活性,父母应该总是鼓励孩子不止想一面,不止尝试一种方法,多想多做,敢想敢做,从中培养孩子的创造力。

帮助孩子建立对错观

对错观是道德的范畴。中国的孩子都比较缺乏对错观的教育,其中的关键原因是孩子的父母本身也没有系统的对错观。这种状况慢慢就演变为在很多家庭,孝顺就是对的,其他的都可能是不对的。这种观念与自古以来以家族利益为第一的观念吻合,可是与培养孩子独立、自主、有自己幸福人生的新目标相违背。要孝顺,首先是要听父母的话,然后对父母好。可是,听话的孩子是一个从属于父母的孩子,而不是一个独立的孩子。要求孩子孝顺的父母

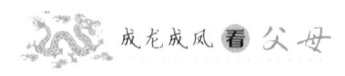

没有平等对待孩子，认为孩子不需要有自己的观点和个性，没有控制自己生活的自主权。在这种环境下长大的孩子，怎会获得热情、冒险精神和创造力？

父母在考虑建立家庭文化的时候，应该把对错观考虑进去。例如，帮助他人、遵守公共秩序就是对的，反之则是错的；在不危害他人的情况下开心生活是对的，但是把自己的开心生活建立在损害他人利益之上，那就是错的。在对错观缺失的前提下，在利益面前，许多人的选择都会出现问题。

不久前听朋友的父亲提到，他一个朋友的两个表兄弟继承了一块祖地，其中一个故意先建房子，先霸占了大部分面积，导致另一个分得少，两人开始争执不断，最终兄弟感情破裂，这就是没有对错观的表现。而另外一个朋友母亲的家族，在近代中国建立了第一家大型慈善机构，后来举家迁往台湾地区。她妈妈的外祖父是台湾地区一位著名的收藏家，在他过世以后，他的二儿子，一位1930年代麻省理工学院（MIT）的毕业生，全世界范围寻找父亲还在世的儿女和他们的后代，只是为了公平地把遗产分给所有的后人。这种一视同仁的平等和博爱就是有对错观的表现。其实，房子建得大一点和小一点，钱多一点和少一点对人生幸福能有多大的影响？为了这些事情与家人反目，不断起争端是不值得的。看回以上两个例子，前者，可能会因为自己的行为而内疚一生，而后者，将永远得到家人的敬爱。

当看到一辆辆豪车摇低窗口把垃圾丢在马路上，看到美丽的城市街道在环卫工人清扫不久后又是一地垃圾，看到东京银座高端商店中国同胞们争先恐后地插队，看到车辆在路上左冲右突……由此悲哀地看出我们家庭教育的缺失。如果我们的父母乃至祖父母一代就开始教育孩子行为的对错观，并以身作则，我们的生活环境会美丽许多。

亡羊补牢，为时未晚。我们要从自己做起，如果父母们从现在开始注意培养孩子读书的习惯，让孩子从书本、沟通与动手中不断思考与学习，并把自己作为孩子的榜样，建立健康的对错观，孩子将会茁壮成长。

行动要点

1. 不懈地培养孩子的读书习惯。
（1）从婴儿期开始和孩子一块读书。
（2）当孩子能走路了，常带孩子到图书馆借还书。
（3）孩子从书中得到的不仅仅是知识，还有思想。多读书，读好书。父母应该从小开始，给孩子读书、讲睡前故事，培养孩子的求知欲，再引导他们读好书，自主找喜欢的书去看、去品。
2. 让孩子掌握初步的学习方法。
（1）和孩子共同阅读，探讨书中的问题。
（2）学习从沟通探讨中学习。

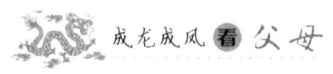

（3）学习解决问题的方法：列表与选择。

3. 忽视分数，重视理解。

4. 让孩子多动手。

（1）多买需要动手的玩具。

（2）让孩子做家务。

5. 培养孩子的发散思维。

（1）多做没有标准答案的事情。

（2）鼓励孩子的非标准"错误答案"。

6. 培养孩子正确的对错观念。

父母自己做好榜样。

第二部分 行动篇

简介

　　行动篇根据孩子的不同年龄特点，为父母提供一些帮助孩子成长的具体建议。习惯篇给出的是贯穿孩子 0～7 岁成长过程中父母需要学习的习惯，行动篇着重于根据孩子不同年龄段的身体、社交和情感发展的不同特点，给父母以相匹配的育儿行动建议。

　　行动建议的基础是对不同年龄段孩子的身体、社交和情感能力有充分的了解。因而，行动篇的每一章都首先描述孩子在不同年龄段身体、情感和社交能力方面的特点。笔者把这些特点命名为"里程碑"。通过对这些里程碑的了解，父母也能够对孩子成长过程中的行为表现和情绪表达有所准备，增加父母陪伴孩子成长的乐趣。另外，如果发现孩子的成长明显落后于这些关键里程碑，父母可以对育儿方法做出修正，寻求医生或育儿专业人员的帮助。

　　社交和情感（social and emotional）能力泛指孩子与他人的交往能力以及对自身和他人情感的认知和驾驭能力。中国父母对孩子的身体发育比较关注，常常对孩子的社交和情感发展缺乏重视，而往往正是在孩提时代所培养的社交和情感能力决定了孩子以后的人生。在有健康身体的前提下，和他人的交往以及对情感的认知、理解、敏感度和驾驭能力将会定义孩子以后的幸福人生。希望父母们对与孩子社交和情感相关的建议多加留意。

　　帮助孩子健康成长，安全永远第一。行动篇给出了在孩子不同的年龄段，父母在孩子安全方面需要注意的事项。由于涉及孩子的安全，希望父母能够认真遵守和执行这些安全建议，并再三回顾，确认自己已经尽了最大努力，为孩子的安全做出最好的保障。

最后，行动篇给出了不同年龄段的育儿技巧。这些技巧是根据孩子身体、社交和情感的成长特点和关键里程碑而设计的，目的是为父母提供一些可以帮助孩子健康成长的方法。由于孩子的身心发展快慢有所不同，父母需要通过对孩子进行观察，与孩子的发展里程碑进行比较，从而对育儿方法进行选择，而不是单纯根据本书的年龄段照本宣科，硬套相关方法。

培育孩子需要好的习惯，而习惯在行动中体现出来。父母在本书第一部分学习到的优良习惯，都应该贯穿在面对孩子的点点滴滴、分分秒秒中。在和幼儿的交往中，爱永远是第一主题，让孩子每时每刻都能感受到父母的爱，孩子的成长就已经成功了一半！爱是什么？爱是耐心，爱是理解，爱是安全，爱是鼓励。爱应该贯穿在所有父母培养孩子的行动中！

第一章

培育0～1岁婴儿的技巧

0～1岁是婴儿期。本书中把这年龄段的孩子叫作"无助的婴儿"。

从呱呱落地到一周岁生日,孩子会经历巨大的变化,在不同的阶段所需注意的事项有所不同,所以,本书把0～1岁的育儿技巧再细分为0～3月和4～12月进行讲述。在此之前,我们首先了解一下婴儿的安全、健康和成长历程。

0～1岁婴儿的发展里程碑和安全注意事项

"里程碑"源于公路旁里程的标志,后大多被应用于商

业和政治领域,一般是指在特定时间点所要达到的关键目标和节点。孩子的发展里程碑是指孩子在玩耍、学习、说话、行为、和他人交往、情感认知和运动能力(如爬行、行走或跳跃)等方面的关键进展和衡量指标,也包括大脑的相关能力的发展节点,例如孩子在学习、记忆、语言思考和推理等方面的关键进展。发展里程碑与年龄相关联,所给出的是大部分孩子在这一年龄段在身体、社交和情感上能达到的程度。

在第一年,婴儿的发展会因人而异,一般来说,他们开始学会集中注意力,探索、了解和触摸周围的事物。婴儿语言能力的进展不仅仅体现在能发出不同的声音(一些父母难以理解的婴儿语言)和"妈妈""爸爸"的发音上,更体现在孩子表现出来的听、认识和理解他们周边不同的人、事物和各自名字的能力。

在社交和情感方面,婴儿时期是孩子与他人建立爱和信任的关键时期,其中主要体现在与父母的关系上。婴儿时期是孩子建立与他人互信和互动技能的关键时期,父母要对孩子有耐心,通过不断拥抱孩子、和孩子说话、抱着孩子玩耍和其他亲密接触,帮助孩子去信任和探索他们新的世界。

安全第一

对父母来讲,孩子的安全需要永远排在第一位,特别是新生婴儿，他们处于一种完全无助的状态，保证婴儿的安全是父母的首要任务。首先，父母要为婴儿提供一个安全的生活环境。在孩子出生前，父母要仔细检查一下自己的家，看看家里的一切对婴儿来说是否安全，也要仔细问问自己：我需要在什么事情、习惯和生活安排上做出改变，才可以为一个完全无助的孩子提供一个安全的环境。同时，父母也要在自我精神和情感上做好准备，以迎接孩子的到来。

以下是一些保证婴儿安全的建议：

○ **安装安全监视器**：考虑安装可以随时看到孩子的视频监视器，在离开孩子的时候，密切关注孩子的状态。通过监视器，父母也可以在远程的观察中获得更多育儿乐趣。

○ **注意灼热物品**：很多婴儿受伤源于食物和液体的灼伤。因而，父母要密切注意过热物品的放置，避免烫伤孩子。切勿将过热液体或食物放在孩子的附近，特别要注意的是在抱着孩子的时候，手里不要拿任何过热物品，以免烫伤婴儿。

○ **杜绝二手烟**：二手烟对婴儿的健康危害极大。婴儿完全无助，他们只能依靠父母为他们提供一个无烟的环境。所以，父母不要让任何人在你孩子的附近吸烟，避免二手烟对婴儿的伤害。

○ **学习正确抱和移动婴儿的方法**：由于新生婴儿的身体十分脆弱，父母需要学习特别的抱和移动孩子的方法。另外，父母要注意不能大幅度摇动婴儿，婴儿的颈部肌肉

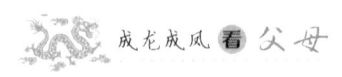

非常脆弱,还不能支撑头部的重量,如果剧烈摇动孩子,可能会伤害孩子的大脑,严重的甚至会导致死亡。(网上曾流传一个金牌月嫂大幅度摇动婴儿的视频,月嫂声称那样的举动不会伤害婴儿,这其实是不对的,希望各位不要相信这个月嫂的自我开脱之辞。)

○ **注意婴儿睡姿**:确保婴儿以背朝下、胸口向上的睡姿,这样可以防止出现婴儿猝死综合征(医学上称为SIDS)。

○ **让婴儿远离能盖住脸的物品**:不要让孩子拿到任何可掩盖住脸的东西,那些能盖住孩子脸的物品可能会导致婴儿窒息。

○ **注意食品安全**:有些父母会给接近1岁的婴儿喂食固体食品。如果孩子能吃得下,这没有问题,但是父母一定要把食物切成小块,以防止大块食物造成的婴儿窒息。另外,不要让孩子玩小玩具和其他任何过小以至于可能会被吞下的东西。

○ **注意汽车安全**:汽车在最近十年才在中国普及,很多父母还没有足够的乘车安全意识。当孩子乘车时,父母最好使用为婴儿设计的乘车摇篮,并将摇篮以孩子面朝后面的方式固定在后座汽车座椅上。有研究指出,这是对婴儿最安全的放置方式。

○ **按时注射疫苗**:疫苗是近代医学的重大发明,父母要根据医生的建议按时给孩子注射疫苗。

健康身体

保证婴儿营养的最好方法是母乳喂养。有研究指出,母乳含有母亲的抗体,可以减少婴儿生病的概率。在婴儿出生后的前6个月,单单母乳就可以完全满足孩子的所有营养需求。在孩子6～12个月的时候,父母可以在母乳之外给孩子加喂一些健康的固体食物,除了增加营养之外,也可以让孩子尝试新的口味,从而适应不同的食物,但母乳仍应是孩子主要的营养来源。在喂婴儿进食的时候,父母要有耐心、慢慢地喂。因为婴儿还没有语言能力,父母要仔细观察,通过孩子的身体语言了解孩子是否已经吃饱。

健康在于运动这句话也同样适用于婴儿。为了婴儿的健康,父母要让孩子有足够的运动。虽然这时候孩子还无法像"大孩子"那样跑步和打球,但父母可以活动孩子的小臂和腿,在孩子大一点的时候,鼓励孩子在地板上爬行,让孩子的身体变得强壮。

父母要控制婴儿在同一个物件上的时间。例如,孩子可以在婴儿小秋千上摆动一会儿,但不能太久,如果孩子用运动碟进行活动的话,时间也不能太长。因为婴儿的身体还比较脆弱,不应长时间使用同一身体部位。同时,建议父母不要让这一年龄段的孩子看任何电子屏幕(包括电视),因为电子屏幕会对孩子造成视力损害。

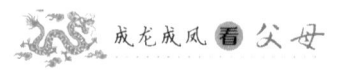

0～3月婴儿的特点

0～3月婴儿的特点如下：
- **无助**：所有需求都依赖他人的帮助。
- **大脑发育**：大脑的发育十分迅速也很重要。
- **脆弱**：身体比较脆弱，需要小心呵护。
- **需要爱**：特别需要爱和很多身体接触。
- **需要依恋**：需要和父母或者其他人建立紧密的依恋关系。

0～3月婴儿的育儿技巧

人类和其他动物有很多不同，其中一点是人类的婴儿是完全无助的，婴儿的所有需求都依赖于父母去满足。由于无助，婴儿渴望安全感，父母需要给孩子提供一个安全的环境去满足孩子的安全需求。同时，安全感的获得程度与孩子和父母的关联强度相关。这也意味着，与父母有亲密关联并对父母有依恋的感觉，对这一年龄段孩子的身心发育至关重要。

如何给孩子以安全感？及时满足孩子的需求是给孩子安全感的最好方法。要做到这点，父母需要认真观察0～3

月孩子的身体语言,学会读懂孩子的身体语言,从而通过孩子的身体语言,及时地了解和满足孩子的具体需求,给孩子以安全感并建立亲密的联系。

和0～3月婴儿建立依恋关系

依恋是人与人之间的一种联系。对婴儿来说,依恋是指孩子和他们的照顾者之间紧密而持久的联系。0～3月的婴儿通过感知看护者对自己的爱与关怀和对自己需求的回应速度,从而决定自己与看护者关系的亲密程度。

婴儿有可能会和父母建立有安全感的依恋关系,也有可能建立没有安全感的疏远关系,建立的关系类型取决于父母。如果婴儿有足够的安全感,并与父母有亲密依恋关系,那将给孩子以后的情商,包括健康的社交、情感和良好的社交技巧奠定基础。如果0～3月的婴儿没有和成人建立紧密的依恋关系,那将会影响到孩子以后的人际交往,也会对孩子以后的身体、社交和情感的发展产生负面影响。在孤儿院长大的孩子往往都有一些情感缺陷,这与孩子在0～3月缺乏亲密依恋关系有关。

如果父母看到孩子对其他人也有所依恋,千万不要担心和嫉妒。婴儿在生活中会依恋多个成年人,父母是其中之一,也是最重要的依恋对象,但是婴儿也会依恋其他经常照顾他们的人,他们可能是祖父母或者保姆,也可能是其他常接触的人。孩子对他人产生依恋不会影响对父母的依恋,和多人建立依恋关系有助于孩子学习亲近他人。

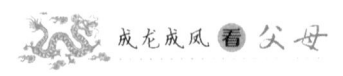

了解0～3月婴儿的依恋行为

婴儿没有语言表达能力,他们依赖于父母读懂他们的身体语言,从而了解他们的需求。0～3月的婴儿总是尝试在他们所依恋的人身上获得安慰和保护,并通过不同的行为表达他们不同的需求。当孩子出现下述举动时,父母需要及时关注自己的孩子:

对你微笑,或者通过眼神和你交流(婴儿都喜欢看成人的眼睛)。

看起来十分放松或者对你表达兴趣。

模仿你的动作。

发出一些小小的声音,如咕咕的叫声或笑声。

在你后面爬行或伸出手臂。

哭。

如下举动可能是孩子在表明他们需要休息,或者让父母用不同的方式去对待他们:

不看你,而是看其他地方,闭着嘴巴,打哈欠。

试图挣扎或拉开与你的距离。

看起来紧张和不安。

哭。

在婴儿表示需要依恋的时候,父母需要及时进行充满爱的回应。这些回应可以只是简单的微笑,或者是对孩子的抚摸或者拥抱,这些举动会让孩子有安全感,变得放松,

然后才可能通过玩去进行探索和学习。

如果父母未能回应孩子的依恋要求，孩子便可能产生恐惧感，从而更加渴望依附于父母（这是没有安全感的体现）。

与 0 ～ 3 月婴儿建立紧密联系

婴儿的大脑和身体需要发展，父母能够提供的最好帮助其实很简单，就是通过给婴儿很多的身体接触、和孩子说话、唱歌和各种面部表情的交流，传递给孩子爱的信息。这些交互行为能让孩子的大脑产生有助于孩子情绪和身体成长的化学物质和激素，从而帮助孩子成长。

新生儿的大脑有大约 1 亿个细胞，远比成年人多，但是孩子负责思考、记忆和运动的大脑部分并不完善。这时候孩子的大脑还不能完全指挥自己的身体，不能表达自己的感受，甚至不能确定自己是否感到饥饿和疲倦。所以为了使 0 ～ 3 月孩子更好地成长，父母可以考虑采用如下方法：

○ **建立作息时间表**：给孩子确立既定时间表，养成作息好习惯，这也利于孩子获得安全感。

○ **舒适环境**：给孩子提供安全、轻松和舒缓的环境有助于孩子放松自我，更能与父母有效交互。

○ **很多爱的鼓励**：爱的鼓励能令婴儿感到愉悦和重复正确的行为。

○ **很多身体触摸**：经常的身体接触可以帮助父母和孩子建立亲密的联系。

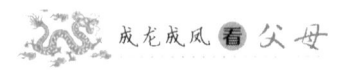

用爱去帮助 0～3 月婴儿健康成长

有研究发现,父母的爱可以让婴儿健康成长。因为爱的感觉会使婴儿的大脑分泌激素,这些化学物质会让孩子的大脑细胞产生连接。以下是让孩子产生被爱感觉的一些方法:

○ **常给婴儿温暖的皮肤接触和柔和的抚摸**:婴儿在被抱着的时候会感到放心和安全,婴儿一般都能够辨别母亲和父亲的气味。当被父母抱着的时候,孩子在熟识的气味中会更加平和与安静。身体接触是父母帮助婴儿日常工作的一部分(如换尿布、洗衣和哺乳),对于大多数新生儿来说,这些接触是愉快的,并能够让他们感到安全。

○ **及时回应孩子的哭泣**:0～3 月孩子哭泣一般都是因为自己需要被关注,例如尿布湿了、饿了或者光线太亮了。父母可能无法分辨孩子哭的确切原因,但通过及时的回应,父母能给孩子传递一个信息:你可以相信和依靠我,这样,孩子就能够从父母身上得到安全感。

○ **用正确的方法对待孩子**:当你抱着孩子时,你需要用合适的姿势,使孩子的头部和颈部得到良好的支撑,这有助于让孩子感到安全。此外,用衣物包裹婴儿也会让孩子再现在母亲子宫里的安全感,从而帮助孩子在烦躁或需要入睡时保持冷静。

培育0～3月婴儿的行动建议

○ **学习孩子的身体语言**：多和孩子共度快乐时光，尝试学会"阅读"孩子的身体语言。父母要记住，婴儿只能依赖自己的父母去了解他们的需要。

○ **换位思维**：尝试站在孩子的角度看世界。观察一下他在看什么，想象一下他的感觉、他的想法。尝试发现孩子喜欢和不喜欢的事物。

○ **勇于改变**：要注意变通，根据孩子的特点和需要而改变自己的行为和态度。

○ **及时回应**：当孩子哭泣或不安时及时给予安慰。安慰能让孩子知道他们的世界是安全的，有助于孩子减少哭闹。

○ **尊重孩子**：把孩子当作一个独立的人去对待，尊重孩子的需要和感受。父母可以试想，如果自己在不知情时被拿起和放下，会有什么感觉？或者当自己被交给一个陌生人的时候，会有什么感觉？所以，当给孩子介绍新事物和陌生人的时候，父母要更加温柔，最好预先让孩子知道你要做什么，这样孩子就会觉得他们周围的世界是可预测的，从而让孩子有安全感。

○ **鼓励动手**：鼓励婴儿自己做一些力所能及的事。例如，父母可以把一个会发声的玩具放在孩子的旁边，引导

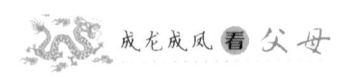

孩子自己去让玩具发出声音。这些行为可以让孩子从小体验成功，增强信心。

○ **照顾好自己**：身心健康的父母更加能够给自己的孩子提供爱和安慰，与孩子建立亲密关系。父母最好能够有一些关系紧密的支持者，例如妈妈的闺蜜、父亲的好朋友，或者爷爷奶奶，在你们需要的时候给予鼓励，当你们需要休息的时候帮助你们照顾孩子，让你们有足够的休息时间，用健康的面貌去面对孩子。

4～12月婴儿的特点和行动建议

婴儿日常生活所经历的点点滴滴，事情的大大小小，都会影响孩子的大脑发育。4～12月婴儿通过观察和互动，开始学习情商。婴儿最喜欢看的东西是人脸和微笑，最喜欢做的事是观察其他人的行为，这年龄段的孩子也很喜欢去抓其他人的脸。

与0～3月婴儿类似，父母通过与孩子的情感交互与身体接触建立亲密连接，通过及时回应孩子的需要，让孩子感受到爱，这些感受能帮助孩子大脑成长并让孩子获得安全感。

下面以三个月为阶段，叙述4～12个月孩子的特点与对应的行动建议。

4～6个月婴儿的特点

3个月左右,婴儿会发现他们的某些行为,比如微笑、哭闹或者突然大喊可能会引起成年人的情绪反应。有研究表明,这年龄段的孩子能够根据父母对自己行为和声音的反应,去理解自己周围的世界。

在这个时间段,孩子开始了解情感。通过观察父母的感情表达和父母对自己情感的反应,孩子会开始感受到快乐、悲伤、兴奋或恐惧等情感。

培育4～6月婴儿的行动建议

○ **及时回应**:当孩子开始有意识地吸引你的注意时,要及时回看孩子的眼睛。当孩子发出声音时,尝试通过微笑、点头、眼睛对视、身体动作或者触摸孩子进行回应,让孩子明白你已经注意到他。父母也可以对孩子说"你说了什么呢?"或者:"你说得真好,是不是啊?"等,这些回应都会鼓励孩子继续和成人进行交流。

○ **及时平复情绪**:在孩子哭闹、情绪激动的时候,父母可以抚摸孩子,说一些温柔的话语,播放一些舒缓的音乐,帮助孩子冷静下来。这有助于孩子学习如何控制自己的情绪。

○ **订立作息时间表**:订立一个时间表会让孩子的每天

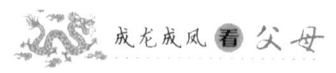

都变得规律。这有助于孩子感觉安全和自然,这样,孩子也能够更好地适应新的环境。

7～9个月婴儿的特点

孩子大脑在6～9个月快速发展。特别在9个月左右,孩子的大脑会有一个加速发展。这一加速发展将能让孩子把自己所看到的、听到的、闻到的和感觉到的关联起来。

在这个年龄段,孩子比过去变得独立,运动技能也有所提高。孩子通常可以独自坐下,也可能已经开始爬行。孩子开始明白自己是谁,并有模糊的记忆与自我意识。父母会发现孩子开始形成对人和物体的明显依恋。

此时孩子的语言能力也开始形成,孩子会留意特殊的声音,例如电话声、门铃等。能理解一些如"再见""不可以"的常用词语。他们会意识到有人在叫自己的名字,也能通过肢体语言理解家长的简单指令,会牙牙学语,并试着模仿大人的语言和表达。

培育7～9月婴儿的行动建议

很多这一年龄段的孩子会经历分离焦虑,具体体现在孩子害怕看到父母离开。这一问题来源于孩子对父母的依恋。解决这个问题的关键是父母要让孩子知道,虽然有些事物和人可能会暂时消失,但他们也会重新出现,其中也包括父母。以下是一些帮助孩子克服分离焦虑的方法：

○ **多个亲密关联者**：让孩子有多个亲密的、有安全感的人，例如爷爷奶奶、阿姨叔叔等，帮助孩子度过父母不在身边的时间，并让孩子意识到父母离开后很快就会回来。

○ **多个照看者**：鼓励孩子习惯与父母之外的其他人相处，这也可以让孩子接受被其他人暂时照顾，让父母有一些自己的时间。

○ **保持接触**：当父母在一个房间里走动的时候，尽量保持和孩子的语言接触，让孩子知道你在哪里。

○ **亲密玩具**：买一些孩子可以抱着的玩具，在孩子熟识玩具后，父母不在身边的时候，孩子也会从这些玩具上得到寄托。

帮助6～9月婴儿提高语言能力的方法

○ **经常对话**：孩子语言能力的培养从婴儿开始。方法其实很简单，父母只需经常和婴儿对话。虽然这样做听上去有些傻，难道父母需要对着一个婴儿讲那些他们根本不能理解的话语？回答是肯定的。父母的话语对婴儿很重要，要做起来也简单。比如当你在做饭的时候，你可以对孩子说"妈妈在做饭，妈妈今天做了西兰花、水煮牛肉、蛋汤。"这种正面的、积极的语言所建立的氛围和环境不仅能增进感情，也会潜移默化地培养孩子的表达能力。因为孩子喜欢模仿，只是这时候的他们还没有能力表达而已。作

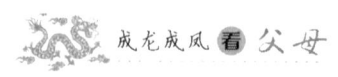

为父母,我们必须放下顾虑,放下矜持,打开话匣子滔滔不绝。

○ **使用正确语法**:不要用儿语进行交流。所谓儿语就是小朋友一开始会发出来的声音,例如"baba""dada"等。虽然儿语是幼儿语言学习过程中的一个阶段,但其实是语言能力低下的一种表现,父母使用儿语会延缓孩子使用正确语言,而当父母把婴儿当成大人一样对话,就能不断刺激和加速婴儿语言能力的爆发。

10~12个月婴儿的特点

在这个年龄段,孩子已经能体验很多不同的情感,并在学习如何识别他人的情感表达。要帮助孩子识别他人的情感,父母要及时回应孩子的情感表达。随着大脑前部的发育,这个年龄段的婴儿已经能够很好地利用熟悉的物体和人来放松自己。同时,孩子的移动能力已经有了很大的进步,这意味着孩子已经可以主动离开那些困扰或烦扰他们的事物。同时,这个年龄段的孩子比过去有更多独立性的要求。

培育10~12月婴儿的行动建议

○ **以快乐为中心**:多做一些能让孩子快乐的事情,愉悦的心情和环境能让孩子更有效地学习社会和情感的技能。

○ **多互动**：多做和孩子互动的事情，如阅读书籍、玩可以互动的玩具等都是很好的选择。

○ **多活动**：常到户外活动，并在活动中告诉孩子所看到东西的名字，在培养语言能力的同时，也增长了孩子的知识。

○ **多交流**：经常和孩子交流关于情绪和情感的话题，例如，和孩子沟通什么是快乐、痛苦和失望的感觉，这有利于孩子情商的培养。

○ **常改变**：当孩子对某种事情感到无聊的时候，及时调整，改做其他活动。

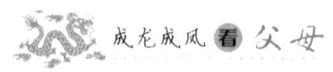

第二章

培育1～2岁孩子的技巧

由于孩子的身体、社交和情感的发展因人而异,从本章开始,章节标题的年龄段不应理解为1～2岁这一年的孩子,而应该包括1岁和超出1岁的孩子。这就是说,由于个体差异,本章不仅适用于大部分1岁的孩子,也适用于一些2岁的孩子。

因为孩子从婴儿到1岁的奇妙变化,笔者把1岁的孩子归纳为"奇妙的1岁"。

1～2岁孩子发展里程碑

这个阶段的孩子已经可以到处爬动,用自己的手、脚和嘴巴（他们喜欢把所有东西都放到嘴里）去感知自己和周围的环境。这时期的孩子具有十足的好奇心，总是渴望探索新事物。在这个阶段，孩子会表现出比婴儿更大的独立性，开始会表达拒绝，也开始能够从照片或镜子中认出自己。他们开始模仿他人的举动，特别是成年人和其他大孩子的行为。开始能够识别自己所熟悉的人和物的名字，说简单的句子，并遵循简单的指示去完成简单的任务。

语言特点

在刚到 1 岁的时候，孩子能够理解的语言要比他们能说出来的多很多，他们已经可以遵循简单的指导，例如"停下来""到妈妈这里来"等。也可以模糊地说 10 个左右简单词汇，并会试图模仿他们听到的话语。

之后，孩子能理解更多简单的指令，例如"要吃饭吗？"并能做出反应。孩子开始理解很多简单的单词和很短的句子，例如"快一点""你好""放回去"。在孩子阅读小人书时，也开始用手指向他们所知道的东西。他们能够根据父母的要求拿起相应熟悉的物件，孩子还会牙牙学语，模仿大人的手势和用语，讲话时会使用不同的语音、语调和音量。

在这一年龄的后段，孩子能理解 200～500 个词汇（突然就爆发了），能遵循简单的指示，能说出多达 50 个词汇，开始创造出由 2～3 个词语组成的句子，例如"去吃

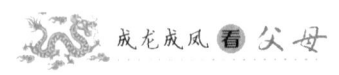

饭""去外面玩",会试着问很多问题,当被叫到名字时,会有明显回应,并常常不停地重复一个词语或者短句。

语言培养注意事项

父母在和孩子沟通时,要注意多把话语权让给孩子,即使孩子讲话还不连贯,可是正因为不断实践,父母循序渐进地诱导、反问、补充和重复练习,孩子的语言能力才能快速提高。

例如,小区里有滑梯,孩子想滑滑梯,可是他还不会说滑梯这个词,只会用拟声词whee,所以她会指着滑梯说whee表示她想玩,这个时候父母可以"装疯卖傻"一点,不要直接满足孩子的要求。妈妈可以接着说"滑梯?你想玩滑梯吗?"确认孩子的诉求。当孩子给出确认的答案后,带着她去玩滑梯,然后再问一次"这是啥?"让孩子学习说"滑梯"这个词。

接近2岁的孩子会试着拼凑句子,例如把"我要回家""杯子掉了"组成句子。开始的时候对孩子来说有困难,父母这时候要试着多问,猜测孩子的意思,这样有助于给孩子以信心,让其不断地尝试把句子讲完整。父母也可以以问话的形式展开阅读,例如"这图上有什么呀?""汽车在哪里?""是什么颜色的?"

有些父母还会和孩子玩阅读留白游戏。例如把绘本里每句话的最后一个单词留给孩子说,这种做法能很好地了解和增强孩子的表达能力，增加孩子的表达兴趣。父母还可以根据孩子表达能力的增长，将留白的部分扩大，变成两个词、三个词，甚至一句话。

安全注意事项

由于孩子已经能够自己走动，到达那些父母没有留意的地方，孩子可能遇到的危险也越来越多。父母要认识到危险情况常常会在无意中突然发生，所以父母一定要了解下述危险并防患于未然：

○ 水危险：水对1～2岁孩子来说可能是最危险的存在。父母要注意不要让孩子独自靠近浴缸、泳池、池塘、湖泊等。溺水是这个年龄段孩子受到伤害和死亡的主要原因。

○ 电危险：在家里所有未使用的电源插座上放置插头盖，以防孩子触电。

○ 热危险：将所有可能发热的器具（厨房用具、熨斗等）放在孩子拿不到的地方。

○ 落物危险：将所有做饭菜的锅子的手柄朝里面放，不让孩子拿到。

○ 尖锐物品危险：将剪刀、小刀和笔等锋利物体放在孩子拿不到的地方。

○ 药品危险：把家里的所有药品、家用清洁剂和有可能对孩子造成伤害的物品放在孩子拿不到的安全地方。

○ 楼梯危险：如果房间有楼梯连接，父母要用小门或

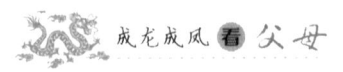

栅栏挡住楼梯。

○ **乘车危险**：在孩子乘车的时候，切记要使用合适的儿童安全座椅，并保持孩子的汽车座椅朝后。

健康注意事项

○ **户外活动**：鼓励孩子多进行户外活动，在安全的前提下，多让孩子走、踢、爬和跳。这些活动会帮助孩子增强对自己身体的控制，增强运动协调性。

○ **多样食品**：这个年龄段的孩子可能对食物比较挑剔，这是正常的。当父母发现孩子吃得不多时，也不需要太担忧，因为这时候孩子的身体生长相对缓慢，不需要太多食物。父母需要做的是提供多样健康食品给孩子选择，让孩子选择自己想吃的东西，并让孩子不断尝试新的食物。

○ **健康饮料**：多给孩子喝水和普通牛奶，避免含糖饮料。这点很重要，很多中国父母都喜欢给孩子喝果汁，这是一个不好的习惯，应该避免。很多数据表明，从小喝含糖饮料会让孩子养成习惯（不喜欢那些没有糖的饮料了），从而导致以后大量喝含糖饮料，并产生身体问题。建议最好避免。1岁后，孩子可以吃更多不同的固体食物，但是母乳仍然是孩子饮食的理想补充。

○ **避免看电子屏幕**：最好避免让孩子看电视和其他电子屏幕，电子屏幕可能会损害孩子的眼睛，互动和游戏比电子屏幕更能帮助孩子成长。

培育1～2岁孩子的行动建议

○ **阅读**：每天留半小时到1小时的时间和孩子一起阅读。

○ **玩识别物体游戏**：多和孩子一块玩识别物体的游戏，例如玩找不同物体和形状分类之类的匹配游戏。

○ **认识身体部位**：鼓励孩子说出身体不同部位的名字，例如妈妈可以指着自己的手问孩子这是什么？然后告诉孩子。

○ **善于借题发挥**：经常和孩子谈话，帮助孩子的语言发展，并善于借题发挥。例如孩子说"嘎嘎"，父母就可以找到鸭的图片说，是的，这是一只小鸭子。

○ **告诉孩子应该做什么**：总是告诉孩子他们此时应该做的事情，也可以给孩子两个选择，让孩子自己决定玩什么，这有利于帮助孩子学习做决定。

○ **正向鼓励**：当孩子做了正确的事情，要给予正面的回应，避免惩罚孩子的不当行为；当孩子做了你认为的不当行为时，可以装作看不见，不给孩子想要的注意力。孩子不当行为的目的往往是想得到父母的注意，如果一个行为不能得到父母的注意，孩子很可能就不会重复那样的行为。

○ **鼓励探索**：总是鼓励孩子去探索和尝试新事物，鼓励孩子的好奇心和帮助孩子学习日常所见事物的名字。创

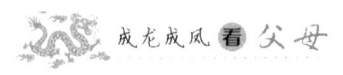

造一个安全的环境,并确立行为边界,让孩子探索和冒险。不断探索正是孩子学习的方式。

○ **鼓励动手**:鼓励孩子做力所能及的事情,例如鼓励孩子学习自己穿衣服。

○ **自我反思**:常常自我反思,是否已经做到如下关键点:

让孩子有充足的休息。

给孩子足够的关注、赞美和奖励。

给孩子充足的户外活动和体育锻炼。

提供一个平和、温馨、安全的环境。

○ **减少说不**:只在必要的时候才对孩子说不。说不的含义是告诉孩子不能做某件事情,什么时候一定要说不呢?在孩子面对安全危险的时候,父母一定要说不。可是在说不的时候,父母需要准备应对孩子可能的激烈反应。减少对孩子说不,会让孩子认识到当你说不的时候,你是认真的,从而认识到自己真的不能做那件事情。

用因果关系去教育孩子,而不是单纯地说不。在孩子做正确事情的时候,给孩子很多正面鼓励,在孩子做错事情的时候,要告诉孩子他们的行为是不对的,并告诉他们为什么不对,这样做可能会给他们带来什么危险。

○ **分散注意力**:如果孩子想要得到一个不应该玩的东西,父母可以把这东西放在孩子看不到的地方,然后通过给孩子提供另外一个玩具来尝试分散孩子的注意力。

○ **解决根本问题**:孩子哭泣可能是因为无聊、疲倦、饥饿、沮丧或者担心，哭泣是孩子应对压力的唯一方法。父母要找出孩子哭泣的原因，找出了原因，就可以从根本上解决问题。

如果孩子持续哭泣，父母可以用排除法找出孩子哭泣的原因：是否因为孩子不喜欢噪声？是否因为有人拿走了他喜欢的玩具？他是否因为同情其他孩子而哭泣？

○ **正向鼓励**：关注孩子好的行为，忽视孩子不好的行为。其中的关键是让孩子知道，孩子要得到父母关注的最好方法是做出正确的举动。

○ **让孩子决定**：父母要尊重孩子的独立性。其中的要点就是在符合孩子行为规则的前提下，让孩子自己决定自己的活动。那样，父母的生活也会变得平静很多。

○ **永不嘲笑**：永远不要嘲笑和打击孩子，这一举动可能会让孩子失去自信心和上进心，这些精神的丧失，以后将难以弥补。

○ **建立边界**：父母需要确立孩子的行为边界，边界建立之后就要坚持。溺爱不会帮助孩子成长。

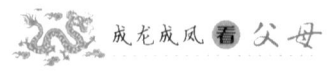

第三章

培育 2～3 岁孩子的技巧

2～3 岁孩子发展里程碑

这个年龄段的孩子对独立的渴望越来越高，开始有自己的主张。这些独立主张有时候会让父母觉得孩子在故意和自己对抗。因而，在西方这个阶段的孩子常常被称为可怕的 2 岁。虽然如此，2～3 岁对于父母和孩子来说都是一个激动人心的时期，因为孩子将经历思考、学习、社交和情感上多方面的巨大进步，这些进步将有助于孩子进一步探索和理解他们所面对的世界。

在这个阶段，孩子已经能够自己走几步路，把玩具按

形状和颜色分类,并能够模仿成人和玩伴的动作以及表达各种各样的情感。

由于 2 岁的孩子一方面喜欢对父母说不,另一方面又不是太确定自己应该做什么,笔者把 2 岁的孩子归纳为"矛盾的 2 岁"。

2 岁孩子的特点

2 岁孩子有以下特点:

常发脾气。

充满占有欲,希望看见的一切都是他们自己的。

什么东西都希望自己去做。

潜意识仍然希望父母把自己当成婴儿对待。

孩子会认为自己已经长大了,当意识到自己不能与大人做同样的事情时,会感到难过、沮丧和不安。

不喜欢与他人共享、等待,例如不喜欢和他人轮流玩玩具,难以控制自己的冲动。

比较难以适应环境的改变。

孩子的饮食和睡眠习惯与以前相比有很大的改变。

2～3 岁孩子语言特点

2 岁的孩子开始有意识地聆听大人讲话,做事情的时候还是很容易分心,开始能够理解一些简单的概念,例如

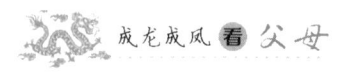

里外,上下,大小等。会回答一些简单的"谁……""是什么……""在哪里……"之类的问题,但还不会回答"为什么……"的问题。开始喜欢阅读带图片的短故事,可以使用高达300个词语,会组成4～5个单词的句子。

安全注意事项

因为这个年龄段的孩子已经能够正常走动,能到达越来越多的地方,因而,孩子也会比过去遇到的危险更多。危险情况常常会在父母的忽视中发生,所以父母需要密切关注孩子。如下是保证孩子安全的一些建议:

○ **水安全**:不要让孩子靠近浴缸、泳池、池塘、湖泊、漩涡或海边。溺水是这个年龄段孩子受到伤害和死亡的主要原因。

○ **食物安全**:鼓励孩子坐着吃东西,并让孩子彻底咀嚼食物,以防止窒息。

○ **玩具安全**:经常检查玩具是否松动或有所损坏。这个年龄段的孩子有把所有能拿到的东西往嘴里放的倾向,小件的东西可能会让孩子窒息。另外,父母要注意提醒孩子在着色或绘画时不要将铅笔或蜡笔放在嘴里,并阻止孩子画完之后将手直接放入嘴中。

○ **热安全**:当父母抱着孩子的时候,不要同时拿着热的食品和饮料,也不要接近煤气炉等火源,因为孩子突然的动作可能会触摸到热源,导致灼伤。

○ **乘车安全**：确保孩子在乘车时使用汽车安全座椅，并总是把孩子放在后座上面对后方。

健康注意事项

○ **自由游戏**：鼓励孩子多活动和自由游戏。活动有助于孩子保持活跃和把身体变得强壮，也有利于孩子运动技能的发展。

○ **多样健康食品**：孩子可能每天都会改变对食物的偏好，这是正常现象，是孩子的一个发展阶段，父母需要做的是鼓励孩子尝试各种新的健康食物。如果孩子去托儿所，父母需要了解托儿所的饮食，保证托儿所提供的食物健康。

○ **控制看电子屏幕时间**：最好不要让孩子看电视和其他电子屏幕。如果父母让孩子看电视的话，也要控制在1小时以内。同时要了解托儿所让孩子使用电子屏幕的时间，一般来说，使用电子屏幕时间越少越好。

培育2～3岁孩子的行动建议

○ **阅读**：每天留半小时到1小时的时间和孩子一块阅读。

○ **散步和讨论**：常常带孩子出去散步，和孩子一起讨论看到的事物。

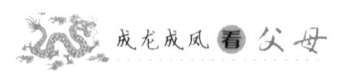

○ **介绍自己**：鼓励孩子告诉他人自己的名字和年龄。

○ **音乐**：教孩子简单的儿歌，并常常一起听音乐。

○ **正向鼓励**：继续给孩子大量的正向鼓励，特别是在孩子遵从父母指导的时候，给予孩子关注和赞扬。

○ **教育如何表达不满情绪**：当孩子发脾气的时候，可以采取忽视的态度，不让孩子觉得发脾气可以引起父母的关注。同时教育孩子表达自己不满情绪的正确方式是表白和沟通。

○ **拥有耐心**：父母要有耐心，父母无法控制幼儿的行为，可是父母可以控制自己的行为。耐心是父母必须练习的一种习惯。

○ **让孩子忙碌**：2岁的孩子喜欢忙碌，好像一刻都不能停下来。幼儿有充足的精力，如果闲着，他们可能就会想办法恶作剧，他们不是刻意给父母添麻烦，只是他们想自己做事情。所以，最好的方法是让孩子保持忙碌，最好是让孩子总是忙着看书或者玩玩具。

○ **不要过分强调整洁**：要允许2岁的孩子做一个脏孩子，因为2岁的孩子好动而且喜欢探索，父母不可能让孩子总是保持清洁。

○ **让孩子多动手**："我自己做"是2岁孩子最喜欢说的话，当孩子想要自己做事情的时候，父母可以允许他们去尝试简单的任务，但要留给孩子充足的时间去完成任务，切忌不耐烦和催促孩子。

○ **多玩角色代入游戏**：常常设计一些角色代入游戏和

孩子一块玩。例如，对孩子说，你现在是医生，请给我看病。这些游戏有利于提升孩子的想象力。

○ **多玩跟随领导者游戏**：常常和孩子一块玩跟随领导者游戏。领导者游戏就是父母和孩子轮流做领导人，跟随者模仿领导者的动作和活动。这些游戏有利于提升孩子的领导力和模仿能力。

○ **给孩子多样食物选择**：很多2岁的孩子挑食，父母对待挑吃的方法不是强迫孩子去吃他们不喜欢的食物，而是给孩子多样的选择。

○ **建立行为边界**：建立一些必要的规矩。给2岁的孩子建立行为边界比给10岁的孩子建立行为边界容易得多，如果孩子从小就习惯了行为边界，以后更能接受合理的规则。

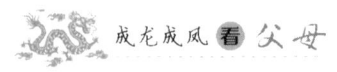

第四章

培育3～4岁孩子的技巧

3～4岁的孩子在寻求独立,他们喜欢自己做决定,所以在父母说东的时候,孩子可能一定要去西,这是孩子"反叛"的年龄,是孩子尝试独立的表现。3～4岁的孩子也具有十足的好奇心,喜欢探索自己身边的事物,他们认为自己能够胜任任何父母能做的事情。幸运的是,他们的注意力很容易被新的想法吸引,所以在孩子要求做危险动作的时候,父母可以采用分散孩子注意力的方法让孩子改变意图。

3岁的孩子可能开始问父母各种不同的问题,父母要做好准备,有足够的耐心去回答和解释孩子的问题。千万不要对孩子表露不耐烦的情绪,这会打击孩子的好奇心。

笔者把3岁的孩子归纳为"好奇的3岁"。

3～4岁孩子发展里程碑

由于对自己的身体有更加完整的控制力，3岁孩子能够自己做更多的事情，他们能够到达家里的每一个角落，爬高爬低，去那些过去到达不了的地方，因而，他们的世界比过去更多姿多彩。这个年龄段的孩子变得更独立，并开始更多地关注除家庭成员以外的成人和孩子。

他们好奇，会想更多地探索和询问周围的事物。他们的活动和与他人的互动将有助于塑造他们的个性和属于自己的思维方式。

这个阶段的孩子的身体机能已经足够让他们学会骑小三轮车，使用安全剪刀，自己打扮和脱衣服。

在社交情感方面，孩子已经会注意到男孩和女孩之间的差异，他们能够和其他孩子一起长时间玩耍，回忆发生的事，并唱一首完整的歌。

3 岁孩子的特点

3岁孩子好动，喜欢表达自己的意见，他们知道自己想要什么，有时候会向父母要求自己想要的东西，常常也会直接就把自己想要的东西拿走。

如果父母对孩子说"不"，孩子可能会大声喊叫，直到

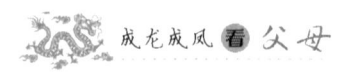

父母放弃对孩子的要求。父母要认识到,这个年龄段的孩子所能理解的往往只是自己的感受,而不是父母的逻辑。所以父母可以考虑多给孩子两个选择和让孩子自主决定的方法,而不是单纯说不。

孩子想要自己去做事情、完成任务。3岁的孩子会告诉父母他们想要什么,或者他们想做什么,他们希望父母允许自己得到想要的东西。他们总是尝试突破界限,尝试新事物。然而,很多父母没有意识到这是孩子学习和获得信心的一种方式。如果父母总是固执地把孩子规范在一套严格的规定之内,就可能压制了孩子内心的自信和冒险精神。

这个年龄段的孩子容易分心。父母可以利用这一特点来避免和孩子不必要的冲突。例如,当孩子想要某一样东西而你又不希望孩子拿到那件东西的时候,父母可以通过改变孩子注意力的方式以达到目的。可这不等于说3岁的孩子不能专注于一件事情,其实3岁的孩子可以非常专注于自己有兴趣的事情。

3岁的孩子很容易发脾气。如果他们碰到一件让自己失望的事情,孩子的反应可能就像世界将要终结那么严重。这些举动可能会让父母感到厌烦,因为父母对世界的看法与孩子的观点完全不一致。但父母需要尝试从3岁孩子的角度去看问题,理解孩子的感受。

安全注意事项

随着孩子变得更加独立,在家庭以外玩耍的时间越来越多（希望中国父母能增加孩子的户外活动时间），父母教育孩子如何自我保护、保证安全变得更加重要。以下是关于孩子安全的一些建议：

○ **交通安全**：在中国，每年都有许多孩子由于交通意外而身亡，为防止意外的发生，父母要及时教育孩子交通规则和交通安全，向孩子解释为什么需要避开道路上的车辆。告诉孩子不能在马路上玩的原因，特别是要让孩子知道不能在马路上踢球。不能让孩子独自通过马路。

○ **水安全**：父母可以考虑开始教孩子游泳，但是当孩子在任何水域里（包括小池、浴缸）或者在水域附近的时候，父母都要时刻关注孩子。

○ **时刻关注**：3岁的孩子好动，父母要随时留意孩子，特别是孩子在外面玩耍的时候。

○ **户外运动**：父母要常带3岁的孩子去游乐场。带孩子去游乐场的时候，记得观察游乐场设备。确保没有松动的零件或者锋利的边缘，以免孩子受伤。

○ **面对陌生人**：教会孩子如何面对陌生人以及在面对陌生人的时候如何保护自己，父母可以尝试用角色代入游戏和孩子演练面对陌生人的方法。

○ **乘车安全**：有车的父母一定要继续使用安全座椅，直到孩子的体重和身高达到可以不用安全座椅的范围。

○ **骑小三轮车**：3岁是教孩子骑小三轮车的时候，父母要教育孩子骑小三轮车的安全注意事项。让孩子只在人行道上骑车，远离马路，并最好戴着头盔。

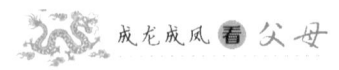

健康注意事项

○ **健康饮食**：3岁是父母充分利用榜样的力量去影响孩子饮食习惯的最好时机，父母应该尽可能和孩子一起吃饭，让孩子看到父母享用水果、蔬菜和其他多样化的食品，让孩子学习父母的健康饮食习惯。避免让孩子吃任何有添加糖、固体脂肪或大量盐的食物。

○ **控制看电子屏幕时间**：最好不要让孩子看电视，给孩子观看电子屏幕的时间控制在1至2小时。

○ **游戏和玩具**：给孩子提供适合年龄的游戏和玩具，球类和塑料动物都是好的选择。要让孩子自己选择玩什么，这会提升孩子的游戏乐趣。

培育3～4岁孩子的行动建议

○ **阅读**：继续和孩子一块阅读。常把孩子带到图书馆或书店，培养孩子读书的良好习惯。

○ **语言**：父母需要关注和孩子沟通的语言表达，通过使用完整的句子和丰富的词汇去帮助孩子培养良好的语言技能。

○ **让孩子做决定**：经常让孩子做一些简单的选择（例如，决定穿什么，什么时候玩，什么时候吃零食），让孩子学会做决定。

○ **鼓励多交朋友**：鼓励孩子多和其他孩子一起玩，这样有助于孩子学习分享并认识到友谊的价值，也可以发展孩子的社交能力。

○ **让孩子帮忙**：让孩子帮助自己做一些简单的家务。

○ **告诉孩子你的期望**：管教孩子时要清晰和一致，经常告诉和解释你对孩子的期望。当你告诉孩子不能做什么事情的时候，同时要告诉他们应该做什么。

○ **孩子生气是教育孩子的机会**：当孩子生气的时候，不要着急，把事件作为教育孩子如何解决问题的机会。

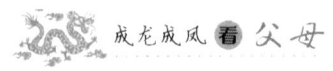

第五章

培育4～5岁孩子的技巧

4岁孩子的左脑已经有长足发展,孩子已经能够很好地运用逻辑来分析问题,也更能接受父母有道理的建议。4～5岁的孩子处于关键的学习阶段,父母对孩子培养的重点应放在"鼓励"和"帮助"上,不要强迫孩子去做那些他们不喜欢做的事情,而是鼓励孩子去探索那些他们自己喜欢的方向。如果孩子还没表现出对具体方向、事情或者科目的兴趣,那么父母就更需要对孩子提供帮助,可以常带孩子到动物园、博物馆、图书馆,在出外旅行的时候,也最好带上孩子。让孩子接触各种不同的艺术和文化,为孩子提供发现自己兴趣的机会。

4岁孩子对独立的要求体现在孩子在很多事情上都希望自己去做决定,也希望指挥他人。这一阶段的孩子会比以往更有自我安全感,但是他们对自己并非有十足信心,所以也常会怀疑自己的能力和决定。

父母要继续鼓励孩子和其他孩子玩耍,通过玩的方式,和其他孩子不断交流和思维碰撞,从而发现自己的兴趣。同时,父母也要认识到,孩子的智力和身体发展因人而异,切忌进行孩子之间的比较,不要以"别人家的孩子"来贬低自己的孩子。

笔者把 4～5 岁的孩子归纳为"探索的 4 岁"。

4～5 岁孩子发展里程碑

○ **更独立**:显示出更多的独立性。已经能够胜任一些日常的任务,例如刷牙、自己穿衣服和鞋子。

○ **高要求**:对父母和他人有很高的要求,但也乐于合作。

○ **希望拥有一切**:有更强的占有欲,表现在孩子觉得他能看到的东西都应该属于他的。

○ **粗鲁表现**:可能开始对他人有粗鲁的表现,甚至有时候会说脏话。父母要认识到,如果你们由于孩子的举动和话语有激烈反应,孩子可能会做出更出格的事情,父母要以身作则,以榜样的力量去改变孩子的行为。

○ **希望被朋友认同**:想要被自己的朋友认同和喜欢,也会去讨好自己的朋友,也许孩子会有一个最好的朋友,

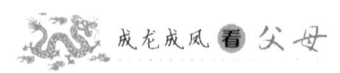

这个好朋友可能是同性或异性。

○ **能够表达同情**：已经学会表达同情和悲伤。当其他人处于痛苦之中时，孩子会表达同情，安慰对方。因为孩子希望在自己痛苦的时候，别人也会有同情心。

○ **对性有好奇心**：已经意识到性别的不同，并对性有好奇心。

○ **能够理解简单的抽象概念**：对很多日常事物，如食物、金钱、电器以及时间等概念有正确的理解。

○ **对艺术感兴趣**：开始对艺术充满兴趣。例如很热衷于歌唱、跳舞和其他表演。

○ **想象力**：4岁的孩子充满想象力，父母可以通过角色代入游戏强化孩子的想象力。

○ **能够区分幻想和现实**：孩子会试图区分幻想和现实之间的区别。他们有可能乐于讲虚构的故事和编造故事，这些都是值得鼓励的行为。

身体技能

站立向上跳起来可以触及身高8厘米以上的高度。

可以扔球并击中1.5米以外的目标。

可以把小球扔到3米以外的地方。

能够用一只脚向前跳。

能够驾驭儿童三轮车。

能够自如地上下楼梯。

能够画圆、正方形或者三角形。

当画人像的时候，能够画出所有的基本要素，如身体、眼睛、鼻子和嘴。

热爱运动，如爬山、荡秋千、翻筋斗和跳绳。

喜欢艺术，包括书写、绘画、造型、切割、粘贴和玩积木。

语言能力

至少能说出 4 种颜色。

有超过 200 个单词的词汇量。

可以识别一些字，甚至可以写出自己的名字。

能够表达清晰，并说出一些完整的句子。

会问很多问题（比其他的年龄段问题都多）。

能够遵循 2～3 个步骤的指令并完成任务，例如"把你的衣服挂在衣橱里，然后拿书包到书房"。

已经学会讲粗话。

安全注意事项

4 岁孩子的安全注意事项和 3 岁孩子类似，只是 4 岁的孩子对自己身体的控制比 3 岁的孩子更强，但还是十分欠缺对环境和危险的判断力。因而，父母不能忽略孩子的安全问题。以下是保证孩子安全的一些建议：

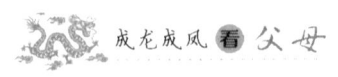

○ 交通安全：虽然孩子想自己做所有事情，但父母在过马路的时候，还是要拉着孩子的手，要继续教育孩子交通安全注意事项。

○ 学游泳：4岁是父母开始教孩子游泳的时候了，如果条件允许，父母也可以考虑请游泳教练教孩子游泳。

○ 水安全：继续注意水的安全。当孩子在任何水域（包括小水池）附近的时候，父母都需要全时段关注孩子。

○ 骑小三轮车：让孩子骑小三轮车时要小心，带孩子在人行道上骑，远离马路，且一定要戴着头盔。

○ 游乐场安全：带孩子到户外游乐场玩的时候，要检查室外游乐场设备，确保没有松动的零件或锋利的边缘，防止孩子受伤。

○ 户外活动：孩子在户外玩耍的时候，父母要随时关注孩子，留意孩子是否安全。

○ 陌生人：继续教育孩子如何面对陌生人，在陌生人面前如何保护自己。

○ 乘车安全：有车的父母一定要继续使用安全座椅，直到孩子的体重和身高到达可以不用安全座椅的范围。

健康注意事项

○ 健康饮食：继续利用榜样的力量去影响孩子的饮食习惯，尽可能和孩子一起吃饭。让孩子看到父母享用水果、蔬菜和多样化的食品。让孩子学习父母的健康饮食习惯。

最好不要让孩子吃任何有添加糖、固体脂肪或大量盐的食物。

○ **控制看电子屏幕时间**：最好不要让孩子看电视，给孩子看电子屏幕时间最好不超过 1.5 小时，以保护孩子的眼睛。

○ **健康游戏**：给孩子提供适合年龄的游戏和玩具，如球和塑料动物等，但父母要让孩子自己选择玩什么，这会增加孩子的游戏乐趣。

培育 4～5 岁孩子的行动建议

○ **热爱学习**：4 岁是培养孩子热爱学习的关键时期。孩子是否热爱学习，和父母在孩子 4 岁时候对孩子的引导息息相关。让孩子热爱学习的最好方法是寓学习于游戏中，特别是在孩子有兴趣的方向上，如能把孩子的爱好融入游戏中，将会大大提升孩子的学习兴趣。

○ **正向鼓励**：要培养孩子对学习的兴趣，父母需要对孩子的每一点学习进步进行鼓励，给孩子提供一个温暖和有充足支持的学习环境。当孩子发现学习是有趣的时候，他会自我激励，更加喜欢学习，形成良性循环。

○ **阅读**：继续每天和孩子一块阅读，坚持每周带孩子到图书馆。

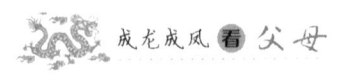

○ **建立三维空间概念**：4岁是孩子形成三维空间思维的重要时期，父母要有意识地帮助孩子建立三维空间概念，例如可以让孩子拼乐高积木，帮助孩子认识和区分球形、正方体和长方体。

○ **多交朋友**：鼓励孩子多交朋友，并教导孩子在朋友家玩的时候遵循朋友家的规则。和朋友的接触会让孩子体会不同家庭的价值观和规则，父母要多和孩子沟通自己家庭和其他家庭在价值观和规则方面的差异，这也是一个培养孩子多角度看问题的好机会。

○ **自由度**：给孩子一定的自由度，不要事事都去规范孩子的行为。当孩子犯错的时候，不要小题大做，要给出合适而不是过度的惩罚。

○ **回答关于性方面的问题**：不要回避孩子关于性方面的问题，这个年龄段的孩子开始对性的相关问题感兴趣，父母的回答要和孩子的年龄相匹配。建议父母先做好功课，事先想好回答的方式和内容。

○ **多动手**：让孩子玩很多需要动手的游戏，例如让孩子画画、唱歌、玩乐高积木等，并开始让孩子做一些合适的家务。

○ **静思时间**："静思时间"是一个父母可以选择的对孩子错误行为的惩罚。对4岁的孩子，合适的静思时间是4分钟。另外，父母也可以考虑通过减少看电视或者电子屏幕时间作为对孩子的惩罚。但是，父母要避免罚孩子做那些你们希望孩子产生兴趣的事情。一些中国父母偏爱的惩罚方式是罚孩子抄书，这不是一个好的方法，因为这个惩罚可能会让孩子从此以后都对写字反感。如果父母惩罚孩子的方法是让孩子抄 100 个英语单词，这可能会让孩子丧失对英语的兴趣。

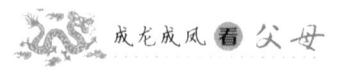

第六章

培育 5～6 岁孩子的技巧

5～6 岁的孩子就如小荷刚露尖尖角，已经开始有点成人的影子。他们有自己的思想，小脑瓜里会提出很多问题，同时也开始能够回答其他人的问题。虽然孩子的神经系统在未来的 20 年里还会持续发展，但 5 岁孩子的大脑重量和尺寸已经基本与成人一样。左脑的进一步发展让孩子更加讲道理和明白事物间的逻辑关系。孩子左右脑的发展达到了一定程度的平衡，过去以情绪主导的举动变得更少。很多孩子变得愿意和希望像其他成人那样和父母交谈。

5 岁是拓展创造力和想象力的黄金时期。父母可以尝试随便以一件事情为背景，去问 5 岁的孩子：你的想法是什么？孩子的答案很可能会让你觉得意外。孩子在这一时期形成的创造力和想象力将会让孩子受益一生。

笔者把 5 岁孩子归纳为"精彩的 5 岁"。

5～6岁孩子的发展里程碑

这一年龄段的孩子更能够理解时间和空间等抽象概念。

已经能够理解他人的观点,这一特点能让孩子有更多的朋友。

由于对自己周围的世界有更深的理解和具备丰富的想象力,孩子会对失败、受伤或者鬼怪之类的非自然事物产生恐惧。

喜欢说话和自言自语。能够使用完整和复杂的句子,他们理解的词汇比自己能够表达的要多。

身体发展特点

在身体方面,5岁是孩子身体协调性和掌握对身体更优秀控制力的关键时期。父母要为孩子提供充足的机会去练习这些身体技能,让孩子的运动技能得到更好的提高。父母可以考虑带孩子去学习舞蹈、体操和游泳之类的运动,这些活动可以让孩子对自己的身体功能有更深刻的了解,从而帮助孩子提升对自己身体的控制能力。

5～6岁孩子的平衡能力有很大的提高,一般来说已经能够走一段平衡木。

已经可以像成人那样跑步。

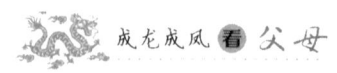

能够跳绳和溜冰。

眼和手的协调可以让孩子抓住一个弹起来的球。

可以单脚站立 10 秒以上。

双脚跳高达到 25 厘米。

可以做 3 个仰卧起坐。

可以把球踢到空中飞行 3 米。

可以正确拿笔。

可以准确地用剪刀剪不同几何形状的纸并贴在相同的图形上。

可以准确地在图形的边界内上色。

社交/情感特点

已经知道对错。

能够描述自己的感受,也比过去更能够控制自己的感情和情绪,但是还不能完全理解例如嫉妒和受挫感那些复杂的情感。

可以使用一些不成熟的逻辑。

想象力有很大的发展,更喜欢玩角色代入游戏。

不喜欢独处,而是更喜欢和朋友一块玩。

会和不同性别的孩子玩,但是更喜欢和同性的朋友交往。

喜欢听成人和同伴的赞扬。

语言能力特点

能够流利地和他人交流。

大部分时候能够使用正确的语法。

能够学习和使用新的词汇。

安全注意事项

5岁孩子的户外活动开始增多,加上孩子希望自己独自完成任务,因而孩子会比过去更加容易因跌倒或者其他事故而受伤。为避免孩子可能的意外,父母需要关注以下事项:

○ **交通安全**:教给孩子交通规则、过马路的方法以及在上学和在室外活动时如何注意交通安全。

○ **游泳安全**:教育孩子注意游泳安全,并且全程监控孩子在游泳池或在水边玩耍时的活动。

○ **家用工具安全**:不让孩子拿到那些可能对他们产生伤害的家庭用品、工具和设备。

○ **紧急情况安全**:教导孩子如何在紧急情况下寻求帮助。

○ **汽车安全**:有汽车的家庭要坚持让孩子在乘车时系好安全带。对那些个子比较小的孩子,还需要继续使用儿童安全座椅。

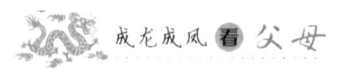

健康注意事项

○ **锻炼身体**：鼓励孩子经常锻炼身体，参加各种体育活动，坚持每天1～2小时的身体活动。

○ **健康饮食**：在饮食方面，避免让孩子吃喝含糖、固态脂肪和大量盐的饮料和食物。

○ **保证睡眠**：保证孩子每天有8～10小时的睡眠时间。

○ **规范日常活动**：为孩子安排有规律的日常活动，例如户外活动、阅读时间以及看电子屏幕时间，让孩子每天都有规律地重复这一时间表。有规律的时间安排会给孩子带来安全感。

○ **控制看电子屏幕时间**：每天看电子屏幕时间不应超过1.5小时，保证孩子与电子屏幕保持一定的距离，在看电子屏幕时周围要有光线，以保护孩子的视力；每用眼45分钟到1小时后要让孩子眺望远处放松双眼。另外，家长要把控和监督孩子所观看的内容。

培育5～6岁孩子的行动建议

5岁孩子的知识主要还是在玩耍的过程中得到，所以父母帮助孩子学习的主要方法还是应该通过对孩子活动、游

戏、玩耍的设计，让孩子在参与这些活动的过程中学习。角色代入游戏仍然是帮助孩子提升想象力的好方法。另外，和其他小朋友一起游戏有利于帮助提升孩子的沟通、社交和思考能力。

随着孩子年龄的增长，父母需要对处理孩子行为问题的方法进行调整。过去使用的一些方法（例如"安静时间"）可能已经对5～6岁的孩子没有效果，因为让5岁的孩子回到自己的房间去安静思考可能已经不是一种惩罚，他们很可能在自己的房间找到自己喜欢做的事情来打发"安静时间"。

5岁的孩子正处于认知快速成长阶段，孩子已经能够评估结果，独立解决问题和理解自己行为的可能后果。因此，管理5～6岁孩子行为的主要方法在于给孩子设立行为界限，让孩子清晰地知道什么行为是不被接受的，并提供空间让孩子有自己做出正确选择的机会。以下是一些行动建议：

○ **阅读**：继续每天和孩子一块阅读，并给孩子留下充裕的自我阅读时间。

○ **加强情感方面的沟通**：5岁的孩子开始了解和注意他人的心情和情绪，但是他们还不知道如何去面对和处理这些情绪，他们也很容易受他人情绪的影响。父母需要加强与孩子关于心情和情绪的沟通，常常与孩子交流自己以及对他人情感的理解和认知，多让孩子描述自己和他人的感觉，帮助孩子学习如何对待他人的情绪变化。

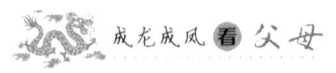

○ **鼓励孩子户外活动**：频繁的户外活动有助于孩子学习更好地控制自己的身体，探索周围的世界和发现自己的兴趣。

○ **多安排群体游戏和活动**：群体游戏和活动有助于孩子学习如何遵守规则、互助和合作完成任务，并学习公平竞争以及容忍和原谅同伴的错误行为。

○ **自由时间**：每天都给孩子留下一段自由时间，让孩子自己选择做什么活动，这有利于帮助孩子学习做决定和发展自我兴趣。

○ **鼓励好奇心**：耐心回答孩子的所有问题，同时也要尽量提出有趣的问题让孩子思考。

○ **挖掘兴趣**：努力发现孩子的兴趣和强项，避免批评孩子的不足，坚持正向鼓励。

○ **学习第二语言**：孩子大脑主管语言的部分已经比较成熟，父母可以考虑让孩子开始学习第二语言。

○ **学习音乐**：5岁也是孩子开始学习音乐的合适年龄，父母可以考虑让孩子开始学习一样乐器。

○ **帮助做家务**：开始给孩子某一项家务任务（例如每天负责把垃圾放到家外的垃圾桶，或者每天扫一次地），让孩子学会承担责任，提高责任心。

第七章

培育6~7岁孩子的技巧

6岁的孩子像一个小大人了,父母可能会觉得孩子的身体和精神面貌每天都在改变。的确,他们小小的身体正在经历一些重大的变化和成长,主要体现在精神、社交情感和体能的改变上。孩子已经能够展现自己的个性,变得更加独立,有自己的思想,并开始建立自己的社交圈。他们已经学会一些重要的技能,并总是乐于把这些初学的技能应用到自己的生活中。

6岁孩子大脑的基本结构已经成型,孩子正更快地发展语言技能和写作技巧,并能够理解一些比较复杂的抽象概念。父母的职责在于鼓励孩子不断尝试和尽可能地给孩子指导。在孩子面对抽象概念的时候,父母也要给孩子必要的帮助。例如父母可以教孩子如何进行时间管理,如何建

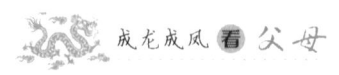

立并执行一些简单的计划，6岁的孩子还是需要父母的帮助去学习这些技能。

父母也要帮助孩子探索他们的周边世界，鼓励他们对周围的世界进行观察和理解，其中最好的方法是父母参与其中，和孩子充分沟通，在沟通中帮助孩子，这是父母和孩子进行有意义的共同思考和互动的好机会。

6岁的孩子已经有很明显的对错观，父母需要加强和孩子关于家庭价值观的讨论，帮助孩子建立自己的道德和价值观基础。

由于6岁的孩子要面对从家庭到学校、建立和失去友情的许多变化，笔者把6岁孩子归纳为"变化的6岁"。

6～7岁孩子发展里程碑

○ **更能遵守游戏规则**：由于对自己的行为和情绪有更高的控制力，孩子能够参与复杂的游戏，并遵守相关的游戏规则。

○ **更加乐于交朋友**：因为友情能够给予孩子归属感，与朋友的交往也让孩子学会沟通、理解、共享和谈判等社交技能。

身体发展特点

在身体方面，6岁孩子继续迅猛发展，他们对自己的身体比过去有了更完美的控制。具体体现在他们已经能够参加如田径和舞蹈那些对身体控制要求很高的活动。洛杉矶著名的儿童精神病学家 Anandi Narasimhan 博士指出：6 岁的孩子开始在体育、运动和语言方面取得进展，他们的运动协调性更好。在这个年龄段，孩子已经学会骑自行车。此时的孩子们总是充满活力，让父母有跟不上孩子节奏的感觉。

社交和情感能力特点

6 岁的孩子继续自己在社交和情感领域的探索，对自己的小社交圈子已经有强烈的意识。虽然他们已经懂得建立友情，但是他们还不知道如何去经营友情。他们还不能理解友情中会有收获也会有失败。失败的友情对 6 岁孩子来说可能会是个打击，因为"失败友情"对孩子来说是一个全新的概念。孩子在经历"失败友情"的时候，父母需要给予帮助与指导，让孩子在失败的经历中学习成长。

6 岁的孩子往往想得到他们生活中权威人士的认可，这些权威的代表是父母和老师，因而，父母一定要做好榜样，发挥榜样的力量。父母要知道，你们的行为、意见和反馈对你的孩子十分重要。6 岁的孩子应该要学会分享，但是分享不是孩子的本能，父母要注意引导孩子去学习分享，并学会如何处理人际关系和表达自己的情感。

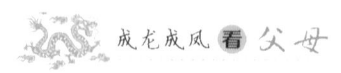

变化的特点

变化是6岁孩子的主题。6岁孩子的生活在不断改变，有些6岁的孩子已经开始上学。孩子的生活已经有多元化的发展：孩子的世界除了家庭和父母外，也开始接纳教师、教室、朋友等其他元素，成为一个多中心的世界。了解孩子生活重心的变化可以帮助父母理解孩子的行为、情感和对周边事物的见解。

从孩子进入小学或者学前班的那一刻起，他们的日常生活就发生了巨大改变。他们将会花更多时间与朋友和老师相处。这些社交活动也会让孩子变得独立，独立感的强化会让孩子更倾向于挑战权威。

6岁孩子的身体发育和运动技能因人而异。因而，有些6岁孩子会因为这些变化和技能更加自信，而有些孩子可能会对自己失去信心。父母要注意孩子的情绪波动，告诉孩子每个人的身体发展速度和天赋都不一样，不要因为身体发展速度的快慢而影响自信心。

一方面，6岁孩子对自己情绪的掌控有一定的成长，他们可以初步管理自己的情绪起伏。另一方面，孩子还缺乏处理复杂情绪的能力，常常会渴望家庭所能提供的安全感。这些内心的冲突可能会导致孩子对那些他们无法通过语言表达出来的感受（如嫉妒和失落）做出非正常的回应。

随着智力的发展，6岁的孩子已经能够独立解决一些问

题。对一些孩子来说，这一能力可以增强信心；对另外一些孩子，在独立解决问题失败后会对信心产生负面影响。父母需要认识到，这些孩子的不安情绪的宣泄对象，往往是自己的家人。

不当行为处理

由于孩子的逻辑思维有很大的成长，父母可以尝试用与成人沟通的方法去和孩子沟通：通过道理和逻辑去探讨孩子行为的对错。

○ **了解问题行为的根源**：对 6 岁孩子来说，很多问题行为来源于孩子对独立的渴求，这是孩子成长的必经之路，因为他们希望尝试独立。大多数 6 岁的孩子会本能地寻找和突破自己的行为边界，因为他们更希望独立做事，并自己做出决定。通过尝试独立，孩子开始对他们喜欢和不喜欢的事物形成自己的见解。可以这样说，这时期孩子的问题行为是孩子成长的必经之路。

○ **对事不对人**：父母解决问题时需要着重于孩子的行为，而不是孩子本身。父母应当把孩子的发展看作连续和统一的整体而不是单一的零散事件，父母应该防患于未然，首先通过和孩子的互动，探讨事件对孩子现在与未来的影响，去鼓励孩子做正确的行为选择，从而避免孩子不良行为的发生。

○ **对照里程碑**：有些时候父母会觉得很难完全了解一

个6岁的孩子做事情的动机和行为方式。的确，要理解孩子的行为，就需要了解6岁孩子的身心发展里程碑，并对照里程碑去理解孩子的行为。

○ **建立行为准则**：父母需要给孩子设立一个清晰和一致的行为准则。由于学校或者幼儿园的经历，6岁的孩子已经懂得在学校遵守规则。在学校，老师会告诉孩子什么是可以做和什么是不被接受的行为，孩子也学会在学校遵循老师的指导。在家里，父母可以采用老师的方法，向孩子清晰地讲述父母所期望的行为，并明确不遵守规定的后果。

如果孩子想要对家里的行为规则发表或提供意见，父母需要认真聆听，回答并解释规则制定的原因，要让孩子知道你在认真聆听，而不是单纯地命令。但是父母需要让孩子知道，家庭的行为规则不是一场辩论或者博弈，相互的沟通只是让孩子更好地理解行为规则的内涵。一旦规则确定，父母需要坚持执行规则。

○ **最多给出一个警告**：在孩子犯错之后，父母可以给出一个警告，要避免给出第二个警告。因为一个警告允许孩子思考自己的行为，衡量之后做出正确的选择。一个以上的警告会给孩子一个错觉：规则是可以灵活执行的。

○ **充分沟通**：父母需要保持与孩子充分沟通，把沟通作为常态，这样，在孩子出现问题行为的时候，沟通才可能畅顺，相互理解也变得容易。在父母和孩子一直保持充分沟通的前提下，改变孩子行为的方法就会更容易执行。

安全注意事项

6岁孩子和以前相比,会有更多的身体活动和运动,加上孩子对独立的向往,孩子因跌倒或因其他运动事故而受伤的概率有所增加。由于孩子的体能和力量有了较大的发展,孩子更能爬高爬低、翻过阶梯、突破更多的障碍,到达更多过去不能到达的地方,因此,住在楼上的父母要关注孩子从高楼坠下的危险,教育孩子安全注意事项,防患于未然。为了最大限度避免意外发生,父母要特别关注以下事项:

○ **紧急情况处理**:教育孩子紧急情况的处理步骤,例如在什么情况下拨打110或者120,接通之后应该怎样进行求助的表述。

○ **交通安全**:教育孩子注意交通安全以及在上学、骑自行车和在室外活动时的安全注意事项。

○ **游泳安全**:教育孩子注意游泳安全,并且全程监控孩子在游泳池或在水边玩耍时的活动。

○ **高空安全**:教育孩子注意高空安全,让孩子知道在高于一楼的房子中,能做和不能做的事情,例如不能翻越栏杆等,避免坠楼风险。

○ **家庭工具安全**:回顾家庭物品的放置,不让孩子拿到那些可能对他们造成伤害的家庭用品、工具和设备。

○ **电安全**:让孩子认识220伏以上交流电可能对人的

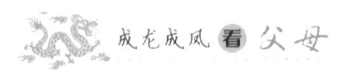

伤害，教育孩子远离电插头。

○ **乘车安全**：要坚持让孩子坐车时系好安全带。

○ **寻求帮助**：让孩子知道在发生意外事件时，如何向可信任的人（例如警察）寻求帮助。

健康注意事项

○ **锻炼身体**：鼓励孩子经常锻炼身体，参加各种体育活动，坚持每天不少于2小时的身体活动。

○ **健康饮食**：在饮食方面，父母要避免让孩子吃喝含糖、固态脂肪和大量盐的饮料和食物。

○ **保证睡眠**：保证孩子每天有8～10小时的睡眠时间。

○ **规范日常活动**：为孩子安排有规律的日常活动，例如户外活动、阅读时间、看电子屏幕时间，让孩子每天都有规律地重复这一时间表。有规律的时间安排会给孩子带来安全感。

○ **控制看电子屏幕时间**：每天看电子屏幕时间不应超过2小时，保证孩子与电子屏幕保持一定的距离，在看电子屏幕时周围要有光线，以保护孩子的视力；每用眼45分钟到1小时后要让孩子眺望远处放松双眼。另外，家长要把控和监督孩子所观看的内容。

培育 6～7 岁孩子的行动建议

○ **阅读**：继续坚持和孩子一块阅读。

○ **爱的表达**：多表达对孩子的爱。对孩子的每点进步都关注和表扬。

○ **正向鼓励**：保证最大程度的正面鼓励。有些父母偏爱对孩子的惩罚，而忽视正向鼓励，这是十分不可取的。正向鼓励比惩罚更能帮助孩子成长。有些父母可能觉得"孩子做了自己应该做的事情，我为什么要赞扬呢？"其中的原因在于，即便是简单的赞美或感谢，也可以让孩子感到愉悦，这种愉悦感会鼓励孩子重复这些正确行为。

○ **共同活动**：常和孩子共同做一些有趣的事情，比如玩游戏、阅读和参加社区活动。

○ **沟通**：多和孩子交流，了解他们的日常活动和与朋友的交往情况。

○ **建立行为边界**：和孩子沟通，一起确立孩子在家里和户外的行为边界，把规则写出来并坚决遵守。

提高孩子的情感/社交能力

○ **表情游戏**：多和孩子玩表情游戏：父母做一个表情，让孩子猜这一表情所表达的情绪并和孩子转换角色。这有

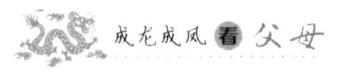

利于培养孩子的情商。

○ **加强沟通**：常与孩子进行各种主题的沟通，孩子的朋友和孩子一天的生活和经历都是很好的主题，这种沟通不但了解了孩子的生活，也能帮助孩子提高表达能力。

○ **尊重和帮助他人**：与孩子交流如何尊重他人。鼓励孩子帮助有需要的人。

○ **礼让和耐心**：鼓励孩子礼让他人，完成任务之后再进行娱乐，从而帮助孩子学会耐心等待。

○ **挖掘爱好**：鼓励孩子发现自己的长处。常常问孩子他们觉得自己所擅长的事情，根据孩子的回答给出自己的意见。

○ **多鼓励**：对孩子的正向表现和积极的行为进行称赞或奖励，如果孩子有负面表现，可以通过减少孩子看电视时间等方法进行惩罚。

○ **家务**：继续要求孩子帮忙做家务，让孩子负责一两样简单家务，培养孩子的责任心。

第八章

培育 7～8 岁孩子的技巧

7 岁孩子的父母可能都会觉得时间过得飞快,似乎只是昨天,孩子还在爸爸的怀里,要求爸爸带他去买冰激凌,而现在,父母已经拉着孩子的小手,带孩子去上学。学校生活的多姿多彩和孩子的身心发展都给孩子的生活带来许多变化,同时也给孩子和父母带来很多新的挑战。

独立的要求在 7 岁孩子身上体现得更加强烈,7 岁的孩子已经上学,上学的时候孩子的身边没有父母和其他熟识的亲密支持者。这个年龄段的孩子要接触一个崭新的世界,独立去探索和学习,去面对很多新挑战。学校是孩子生活中一扇新的窗户,从窗中,孩子看到新的风景,其中,友情可能是最让孩子心动的,友谊对孩子来说变得越来越重要。孩子的身体、社交和心理技能都在这个时候得到迅速

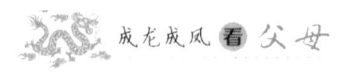

发展。充分了解7岁儿童的身心发育情况是父母成功教育7岁孩子的前提。

古人说7岁看老,笔者把7岁的孩子归纳为"成熟的7岁"。

7~8岁孩子发展里程碑

7岁孩子的身体发育最明显的标志是运动技能的提高。亚利桑那州立大学儿童和青少年发展专家Robyn McKay博士说:7岁左右,孩子的平衡和运动技能已经得到改善,他们开始对自己喜欢的体育活动有更多的信心。这意味着孩子们开始深入研究他们的兴趣,有时候会要求参加竞技体育或加入表演队。Mckay博士说:锻炼将继续在7岁孩子的身心健康、成长和身体发育等方面发挥重要作用。同时,很多7岁的孩子也可能没有得到足够的锻炼,所以父母应该多鼓励孩子参加各种锻炼活动。

如前所述,每一个孩子都不一样,每个孩子都在以不同的速度发展,因此父母应该避免将孩子的进步与另一个孩子进行比较。另外,家长还可能会观察到孩子与其他孩子在能力方面的不同,例如自己的孩子可能会在阅读和语言等方面领先,但在社交技能或身体能力方面可能会落后。这些都是正常现象,父母所要做的就是鼓励孩子发现自己的特点和长处,鼓励孩子热爱学习。

以下是孩子身体发展的两个特点：

可以自己穿衣服并绑好鞋带。

孩子用双手可以很容易地接球，能奔跑，并能够参加篮球、足球等体育活动。

社交和情感能力特点

通过多年的相处，父母已经对自己 7 岁的孩子有深入的了解，同时，孩子也通过与父母的互动和其他活动对自己与周边的世界有更深刻的认知。7 岁的孩子尤其热衷于学校和社区朋友之间的社交。情感上，他们已经可以识别自尊和羞耻，而这两种情绪也会教育孩子如何看待自己，并在孩子建立自我概念的过程中扮演着重要的角色。

7 岁是孩子建立自信心的关键时期，孩子的自信心会在他们生活的所有领域获得，包括与朋友的交往、学习与功课以及各种体育活动。大多数 7 岁的孩子已经知道如何使用被社会大众接受的方式来表达自己的情感，他们在大部分场合都知道如何合适地表达激动、喜欢、愤怒和沮丧等不同的情绪。同时，和 6 岁的孩子一样，7 岁的孩子还没有足够的判断力对自己面对的很多事情进行正确判断，也缺乏管理自己情绪的技巧和能力。所以，父母要教育孩子做出正确判断的方法以及学习自我调节情绪的技能。

以下是一些 6～7 岁孩子在情感和社交能力方面的特点：

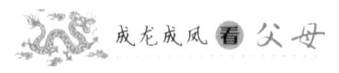

对自己在社会和家庭中的位置有初步了解。
更加独立于父母和家庭。
更加关注友谊和团队合作。
希望被朋友接受和喜爱。

思考和学习特点

很多7岁孩子的父母都会惊叹孩子在短时间内处理信息和表达自己意见能力的大幅度提升。的确，7岁左右孩子大脑中的神经会通过一个被称为"修剪"的过程进行微调，从而提高孩子大脑处理信息的速度和效率，其结果是孩子加强了进行复杂思维和规划的能力。这一年龄段的孩子变得更加具有认知灵活性，能够推理、解决问题和进行逻辑思考。由于开始上学，孩子开始接触许多不同的观点，通过与其他孩子的交往，孩子也开始学习如何初步评判和认同其他人的观点。以下是7岁孩子在思考和学习方面的一些特点：

心智技能显现快速发展。
开始思考未来。
不断学习用更好的方式来描述经验、谈论思想和自我感受。
减少了关注自己，更多关心别人。

安全注意事项

和 6 岁的孩子类似，7 岁孩子的生活和以前相比，有更多的身体活动和各种运动，孩子因跌倒和其他运动事故受伤的可能性增加，孩子身体能力的提升与对周边环境的危险意识不相匹配也导致意外风险的增加。为最大限度地避免意外，父母需要关注以下事项：

○ **高楼安全**：告诉孩子从高楼摔下的危险，让孩子认识和避免在高楼爬窗以及一切可能坠楼的危险行为。

○ **交通安全**：继续教育孩子注意交通安全以及在上学、骑自行车和在室外活动时的安全注意事项。

○ **游泳安全**：继续教育孩子注意游泳安全，并且全程监控孩子在游泳池或在水边玩耍时的活动。

○ **环境安全**：教育孩子不要爬高，要小心电源插座以防触电。

○ **运动安全**：在鼓励孩子参加团队运动（例如足球、篮球）的同时，教育孩子注意运动安全，让孩子学习一些简单的自我保护技能，以防受伤。

○ **家庭用具安全**：不让孩子拿到那些可能对他们造成伤害的家庭用品、工具和设备。

○ **汽车安全**：要坚持让孩子在乘车时系好安全带。

意外事件处理：让孩子知道在碰到意外时如何处理，在遇到危险时如何寻求帮助。

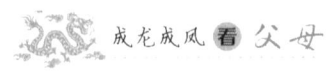

健康注意事项

○ **饮食习惯**：父母需要一如既往，继续从自己做起，建立健康的饮食和锻炼身体的习惯，做好孩子的榜样。

○ **健康食品**：最好避免让孩子吃喝含糖、固态脂肪和大量盐的食物和饮料。

○ **锻炼身体**：鼓励孩子锻炼身体，参加各种体育活动，坚持每天不少于 2 小时的身体活动。

○ **控制看电子屏幕时间**：限制孩子看电子屏幕时间，保证每天不超过 2 小时。在看电子屏幕时周围要有光线，让孩子对着电子屏幕时眼睛是舒适的；每用眼 45 分钟到 1 小时后要让孩子眺望远处放松双眼。家长应对孩子所观看的内容有一定的把控和监督。

培育 7～8 岁孩子的行动建议

继续加强和孩子的紧密联系

○ **阅读**：继续和孩子一块阅读，经常与孩子交换阅读者和听众的角色。

○ **正向鼓励**：继续表达对孩子的爱。对孩子的每一点进步都关注和表扬。

○ **沟通交流**：多和孩子交流，流畅的沟通从小事开始，常交流学校的经历和关于孩子朋友的琐事，也可以尝试与孩子沟通孩子对未来的想法和期望等这些比较抽象的话题。

○ **共同活动**：继续和孩子一起做一些有趣的事情，比如玩游戏、阅读和参加各种社区活动。这些共同活动可以拓展孩子的视野，也会加强孩子和父母的亲密关系。

○ **参与**：对很多父母来说，孩子的校园生活像个黑盒子，父母只看到孩子进去和出来，不知道孩子在里头的活动。这一现象不合理，需要打破，方法是父母主动参加孩子的学校活动，主动认识孩子的老师，了解孩子的学习情况，了解家庭和学校该如何共同努力，以帮助孩子做得更好。

提高孩子的社交和情感能力

○ **礼让和尊重他人**：和孩子交流如何尊重和礼让他人。鼓励孩子帮助那些需要帮助的同学和朋友。

○ **耐心**：鼓励孩子每天完成功课和其他任务之后再进行娱乐活动，从而帮助孩子学会耐心等待。

○ **责任心**：帮助孩子培养责任心，给孩子布置一些可以完成的任务，也可以通过要求孩子帮忙做家务进行培养，其中的关键是，责任心只能从实践中得到，难以从教育中得到。

○ **正向鼓励**：继续奖励孩子良好的行为。奖励孩子的行为而不是孩子的特质（例如，可以说你解决问题的方法很好，而不是说你很聪明）。

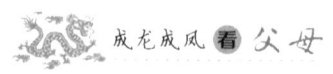

○ **挖掘爱好**：继续帮助孩子发现自己的长处，专注于孩子的优势和才能，帮助孩子建立一个正向的自我概念。

○ **建立目标**：帮助孩子设定一些自己可实现的目标，通过实现目标孩子将减少依赖于他人的认可和褒奖，学会以自己的行为结果为荣。

○ **接受挑战**：支持孩子接受新的挑战。鼓励他们自己解决问题，包括那些与其他孩子的矛盾和分歧。

○ **团体活动**：鼓励孩子加入学校和社区团体，多做公益活动。参加团队竞争的体育活动（例如足球和篮球），帮助孩子学习互助、容忍、协助的团队精神。

○ **认识情绪**：帮助孩子识别自己的情绪，并能够说出自己的感受（例如，"悲伤""疯狂""愉悦"）以及自己的需求（例如，"希望获得一个拥抱"或"自己待一段时间"），这是孩子需要掌握的两项非常重要的技能。

○ **学习情绪控制方法**：教孩子如何放松自己，例如进行深呼吸，从一数到十，或在感觉到强烈的负面情绪时给自己时间以放松自己，在受到挫折情绪低落时去运动，让自己的身体帮助情绪走出低谷。

○ **建立行为边界**：制定明确的规则并坚持下去，比如规定孩子可以看电视和睡觉的时间。让孩子明确哪些行为是允许的，哪些行为是不被允许的。

○ **纪律**：用纪律来引导孩子的行动以减少孩子由于行为不当而受惩罚。在和孩子讨论不应该做什么后，一定要加上孩子应该做什么的讨论。

结　语

我最近参加了美国著名的艾姆赫斯特学院的一个周末家长聚会。院长致辞中的一段话让我感触尤深。他说，我们学生教育的原则是四个词：挑战，爱护，尊重孩子现在，着眼于孩子未来（英文：challenging, caring, being, becoming）。这就是这家享誉美国 100 多年的文理学院的教育理念，简单而又意义深远。虽然我们教育 0～7 岁孩子的着重点有所不同：爱和爱护比挑战重要，但是尊重孩子现在、着眼于孩子未来是完全一致的。我们对孩子的爱，应该是无条件的爱，不会因为孩子优秀而喜，也不会因为孩子的缺点和不足而悲。在爱的基础上，父母就可能有效地帮助孩子培养自己的兴趣，勇于挑战自己，学会从失败中学习。有了对孩子的无条件的爱，也就能完全接受孩子的现在，父母的工作只是帮助孩子造就他们自己的未来。

尊重孩子现在，意味着完全接受孩子，意味着尊重孩子的精神和身体，也意味着父母和孩子以朋友相待。中国的父母应该远离对孩子的体罚、讽刺和辱骂。这些行为，

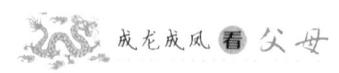

只会击碎孩子的自尊和与父母的亲密关系，实现不了帮助孩子成长的目的。父母应该和孩子充分沟通，了解孩子的想法和感受，清楚孩子不同年龄段的身心发展状态，心平气和地教会孩子学习成长。

着眼于孩子的未来，意味着帮助孩子找到自己的兴趣，将来能够从事自己热爱的事业。孩子天生就有特长和短板，但是天生我材必有用，父母需要给孩子足够的自由，让孩子去探索、去寻找、去发现自己的特长，并将特长发展成为他们自己所热爱的事业。

在 2018 年冬季奥林匹克运动会上，荷兰的速滑运动员 Sven Kramer 再度蝉联 5000 米速滑冠军，打破了奥林匹克同一项目蝉联冠军的纪录。当记者问他：是达到高峰困难还是保持在高峰更加困难？他回答：保持在高峰比到达高峰困难得多。记者继续问道：那么你保持在高峰的秘密是什么？他回答说：那是因为我对这一项目的热爱！这一回答给我们以启发。的确，有热爱才会有精神，有热爱才能够创造奇迹。为人父母的责任，不是让孩子去实现父母未能实现的梦想，而是帮助孩子寻找自己热爱的事业，帮助孩子实现他们自己的梦想。

失败乃成功之母，这句话最适合 0～7 岁的孩子。父母要有勇气让孩子不断经历失败，在失败中学习成长，能够从中学习的失败就是"成功的失败"。不断让孩子经历成功的失败，并在失败中得到成功。笔者认为，一个永远第一、一帆风顺的孩子，是难以有幸福人生的。因为这样的

结 语

童年不能帮助孩子面对成人以后的失败。世事无常，人生多姿多彩，长大成人后的世界，有事业、家庭、朋友和其他，不可能尽善尽美，总会有各种不如意和失败。没有失败经验的成人面对失败的时候将会惊慌失措，不知如何面对，也可能会一蹶不振，付出巨大的失败成本。

赞美和成功总会令人愉悦，考验人的往往是如何去面对失败。中国孩子的成长，充满了对成功的赞美和欢呼，缺失了对失败的重视和理解。为了孩子以后的幸福人生，中国的父母需要认真教会孩子拥抱失败。

教育孩子成长的责任，不应该只由母亲或者父亲承担，更不应该只由祖父和祖母承担，而应该首先是父母，然后才是其他人。在1996年，作为美国第一夫人的希拉里写过一本书，名为《需要整个村庄》(*It Takes a Village*)。书的主题是教育好一个孩子，需要整个村庄每一个人的努力，这个观点有些理想化，可是道理我很认同。退一步而言，教育好一个孩子，至少需要父母的共同努力！可惜的是，很多中国父亲，花在孩子身上的时间严重不足。我想提醒这些中国父亲，这是一个不可弥补的错误。孩子的成长需要你的帮助，而且，孩子的每一个成长时光，都在匆匆而过，一去不返。你缺席的时光，也一去不返。我由衷希望中国的父亲们能够重排自己生活的重点次序，把孩子放在第一。我也由衷希望，中国的企业以及各个单位和部门的领导能够认同，留出让男性职员把自己的孩子排在第一的空间。

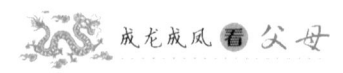

所有父母可能都会认同孩子的安全十分重要,可是大部分中国父母没有把孩子的安全问题作为一个重要专题去关注和对待。我希望中国的父母都去重新审视和重视孩子的安全问题,好好想想:我们的孩子是否安全?我们作为父母有没有足够的安全意识和常识,以及是否已经给孩子提供了一个安全环境?我们有没有教给孩子足够的安全知识以提高孩子的安全意识?有没有锻炼孩子的技能和提供工具以确保孩子的安全?安全在于防患于未然,事故发生后再采取措施为时已晚。谨请父母一定关注!

父母把孩子带到这个世界,给自己带来的是责任,也收获着陪伴孩子成长的乐趣。父母与孩子一块体验和经历生活,就是要通过这些共同经历帮助孩子成长,并把这一经历变成共同的美好回忆!

后 记

此书从初构到完稿，历时一年半。首先，我想在此感谢家人对我一如既往的支持和帮助。在写作的时候，对照正确的育儿习惯和方法，也常反思自己是否是一个尽职的父亲。回答令我沮丧，其实自己并非想象的那么尽职。如果我过去有现在的知识和方法，有机会从头来过，我应该能够把父亲的角色做得更好。可是生活没有如果，陪伴孩子成长的经历更是这样，机会一去不返。写作此书也是希望当下年轻的中国父母看了此书之后，用爱、知识和合适的技巧去陪伴孩子成长，你们有机会做得更好。所以，在感谢两个女儿Victoria和Allison以及太太Joan对我理解和支持的同时，也想和她们说一声"对不起"，过去对事业的追求，令我陪伴她们的时间太少。

这本书的出版，离不开中山大学黄雨盈和区宇新同学的帮助，没有他们的资料整理和文字修改工作，此书难以成型；感谢老同学彭宇对内文的语法修改；感谢广

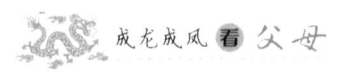

东工业大学党霁星老师的插图创作。是他们真诚付出的大量时间和精力帮助此书变得更好。在此也衷心感谢中山大学岭南学院,特别是宋世斌老师在我做访问学者时提供的帮助。